SD
Space Design
2018

鹿島出版会

SD
Space Design
Review 2018

SDレビュー2018
SD Review 2018
第37回 建築・環境・インテリアのドローイングと模型の入選展
The 37th Exhibition of Winning Architectural Drawings and Models

入選者	秋吉浩気
	香川翔勲＋佐倉弘祐＋髙木秀太＋藤井章弘＋筒井 伸
	神谷勇机＋石川翔一
	栗原健太郎＋岩月美穂
	坂牛 卓＋宮 晶子＋中川宏文＋飯塚るり子＋甲津多聞
	佐野健太
	塩崎太伸＋小林佐絵子
	高池葉子＋尾野克矩＋草野 佑＋浜田英明
	武田清明
	塚田修大
	中川 純＋池原靖史＋満田衛資
	西倉美祝＋石原隆裕＋中村義人
	藤原徹平
	山田智彦＋廣瀬哲史＋森本清史＋田端由香
審査員	千葉 学
	工藤和美
	江尻憲泰
	平田晃久
アドバイザー	槇 文彦
	鹿島昭一
主催	鹿島出版会
後援	朝倉不動産
京都展共催	京都工芸繊維大学
協賛	鹿島
竣工写真撮影協力	日本建築写真家協会

展　覧　会

東 京 展

会期　2018年9月13日[木]—9月23日[日] 会期中無休
　　　平日12:00—19:00　土日祝11:00—19:00（最終日は16:00まで）
会場　ヒルサイドテラスF棟　ヒルサイドフォーラム
　　　東京都渋谷区猿楽町18-8

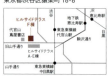

東京展お問い合わせ：
鹿島出版会SDレビュー事務局
〒104-0028 東京都中央区八重洲2-5-14
Tel:03-6202-5202
E-mail:sd@kajima-publishing.co.jp
http://kajima-publishing.co.jp/sd-review/

京 都 展

会期　2018年10月1日[月]—10月27日[土] 20,21日は休館
　　　10:00—17:00（入館は16:30まで）
会場　京都工芸繊維大学 美術工芸資料館
　　　京都府京都市左京区松ヶ崎橋上町

京都展お問い合わせ：
京都工芸繊維大学 美術工芸資料館
〒606-8585 京都府京都市左京区松ヶ崎橋上町
Tel:075-724-7924
E-mail:shiryokan@jim.kit.ac.jp
http://www.museum.kit.ac.jp/

シンポジウム　「建築がたちあがる時——入選者と審査員が語る」
　　　　　　2018年10月8日[月・祝] 14:00—17:30（詳細はウェブサイト参照）

目次

特集1　005　**SDレビュー2018**
第37回 建築・環境・インテリアのドローイングと模型の入選展

総評

016　建築的思考の強度と深度　千葉 学
　　　建築の実現化の難しさ　江尻憲泰
　　　新しい混成系の予感　平田晃久

入選14作品

018　［鹿島賞］
　　　6つの小さな離れの家
　　　武田清明

021　［朝倉賞］
　　　山王のオフィス
　　　栗原健太郎＋岩月美穂

024　［SD賞］
　　　3つ屋根の下／House OS
　　　神谷勇机＋石川翔一

027　［奨励賞］
　　　石と屋根 小さなホテルとワイナリー
　　　高池葉子＋尾野克矩＋草野 佑＋浜田英明

030　まれびとの家
　　　秋吉浩気

032　ヤギのいる庭
　　　香川翔勲＋佐倉弘祐＋髙木秀太＋藤井章弘＋筒井 伸

034　FUJI PUBLIC──物干台のような 雲のような──
　　　坂牛 卓＋宮 晶子＋中川宏文＋飯塚るり子＋甲津多聞

036　臨沂街（リンイージェ）の住宅
　　　佐野健太

038　菊名貝塚の住宅──基礎に住む
　　　塩崎太伸＋小林佐絵子

040　D鉄工所のオフィス
　　　塚田修大

042　ぶらさがり住居
　　　中川 純＋池原靖史＋満田衛資

044　エトランゼの庭
　　　西倉美祝＋石原隆裕＋中村義人

046　木更津の農場劇場
　　　藤原徹平

048　境界のパブリシティ
　　　山田智彦＋廣瀬哲史＋森本清史＋田端由香

050　審査評

054　展評
　　　計画から対話へ。その先、向かうところ。
　　　原田真宏

055　京都展レポート
　　　小寺七海

056　SDレビュー 2018 データ

特集2　065　**エンバイロメンタル・ファイン・チューニング**
ポスト近代／リノベーション／寛容と愛着

企画・編集　海法 圭＋佐々木高之＋佐藤研吾＋常山未央
協力　　　加藤耕一　乾 久美子　能作文徳

座談会1

066　リノベーションへの希望　物質性、そして愛着のデザイン
加藤耕一＋常山未央＋佐々木高之＋海法 圭＋佐藤研吾

論考

074　リノベーションの試合勘みたいなもの　佐々木高之

078　群れる工作の可能性について　佐藤研吾

082　動いている建築　常山未央

086　定遊動　海法 圭

座談会2

090　他者との対話とつくる寛容な建築
乾 久美子＋能作文徳＋海法 圭＋佐藤研吾＋常山未央＋佐々木高之

096　関係者略歴　写真・図版出典一覧

SD Topics　057　**特別記事**
銀座ジャック 再び！ 都市のアクティビティ

058　撮影　日本建築写真家協会

057　記録に残したくなる街 銀座
竹沢えり子

064　銀座ビルヂング観光
泉 麻人

089　**完成作品レビュー1**
SDレビュー2017入賞作品
真鶴出版2号店（冨永美保＋伊藤孝仁）
背景化する建築／前景化する出来事
能作文徳

101　**完成作品レビュー2**
SDレビュー2016鹿島賞受賞作品
幼・老・食の堂（金野千恵）
施設と居場所─〈幼・老・食の堂〉から見る現代の居場所
能作淳平

105　**書評1**
『Besides, History─現代建築にとっての歴史』
歴史と現代の自律的で友好な関係
黒川 彰

106　**書評2**
『評伝ロバート・モーゼス─世界都市ニューヨークの創造主』
モーゼス vs ジェイコブズの構図を
乗り越えたNY、渦中の東京
藤村龍至

特集1　SDレビュー2018
SD Review 2018
第37回 建築・環境・インテリアのドローイングと模型の入選展
The 37th Exhibition of Winning Architectural Drawings and Models

鹿島賞
6つの小さな離れの家
武田清明
武田清明建築設計事務所
[P.018]

朝倉賞
山王のオフィス

栗原健太郎＋岩月美穂
studio velocity

［P.021］

SD賞
3つ屋根の下／House OS

神谷勇机＋石川翔一
1-1 Architects

［P.024］

奨励賞

石と屋根
小さなホテルとワイナリー

高池葉子＋尾野克矩＋草野 佑＋浜田英明
高池葉子建築設計事務所＋浜田英明建築構造設計

[P.027]

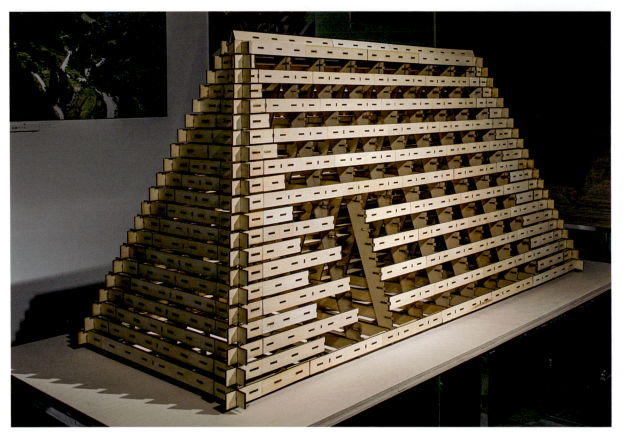

まれびとの家

秋吉浩気

VUILD

［P.030］

ヤギのいる庭

香川翔勲＋佐倉弘祐＋
髙木秀太＋藤井章弘＋筒井 伸

［P.032］

FUJI PUBLIC—物干台のような 雲のような—

坂牛 卓＋宮 晶子＋中川宏文＋飯塚るり子＋甲津多聞
O.F.D.A. associates＋miya akiko architecture atelier
［P.034］

臨沂街（リンイージェ）の住宅

佐野健太
佐野健太建築設計事務所
［P.036］

菊名貝塚の住宅──基礎に住む

塩崎太伸+小林佐絵子

アトリエコ

[P.038]

D鉄工所のオフィス

塚田修大

塚田修大建築設計事務所

[P.040]

ぶらさがり住居

中川 純＋池原靖史＋満田衛資

［P.042］

エトランゼの庭

西倉美祝＋石原隆裕＋中村義人
MinoryArts

［P.044］

木更津の農場劇場
藤原徹平
フジワラテッペイアーキテクツラボ
[P.046]

境界のパブリシティ
山田智彦＋廣瀬哲史＋森本清史＋田端由香
スタジオバッテリー
[P.048]

展示風景

東京展会場
ヒルサイドテラスF棟 ヒルサイドフォーラム

この頁すべて：フォーラム

上段：ギャラリー2
中段：ギャラリー3
下段：ギャラリー4

建築的思考の強度と深度
千葉 学

今年のSDレビューは、じつに多彩な取組みが、極めて高い水準で実現している作品が多かった。そこには今の時代に考えなくてはならないいくつかの先鋭的なテーマが実践を通じて示されており、深く共感すると同時に未来に向けて大変勇気づけられるものだった。

特に印象深かったのは、〈6つの小さな離れの家〉と〈菊名貝塚の住宅─基礎に住む〉である。これらは設計というよりも、「発掘」に近い。土地に潜在する生活の痕跡や開発行為が土地に記したある種の「現場」、それらを掘り起こすことが建築をつくる動機になっている。極めて成熟した社会において、複雑に絡みあった既存の文脈から何を拾い上げまた何を再発見するか、その新しい価値判断の視点は設計と同じくらい創造的だ。技術的なアプローチが主題ではあったが、〈山王のオフィス〉も感銘を受けた作品だ。屋根を支える部材に荷重を掛け、その動的な平衡状態から部材の性状を見定め、しかも部材の製作過程にまで遡って成り立つ構造形式を見出そうとしている。そこには、従来とは異なる水準での新たな合理性を見出そうとする野心が感じられる。合理性とは何も近代化の過程で淘汰された古い精神なのではなく、常に更新されていくべき新しい価値だ。〈FUJI PUBLIC─物干台のような 雲のような─〉と〈3つ屋根の下／House OS〉は、建築を成立させる法的根拠やビルディングタイプなど、さまざまな既存の枠組みを逸脱するところに新しい建築の可能性を見ようとしている。こうした枠組みとの駆け引きは、地道なことだが大きく建築を変えていく可能性がある。〈木更津の農場劇場〉と〈石と屋根 小さなホテルとワイナリー〉は、観光という視点で色々考えさせられた作品だ。観光は、今や日本のどんな地域においても不可欠な産業となっている。しかし日本全国が観光頼りのまちばかりになってしまえば、従来のまちの経済基盤は脆弱化するだろうし、観光への過度な偏重は、もともとその地にあった観光資源を台なしにするという本末転倒な事態だって招きかねない。そのようななかでこの2つの計画には、なんとかして地場の産業や生業と絡み合うなかでの観光と建築の関係を探る試みが感じられた。そこに期待がある。

ところで今年は、一次審査から二次審査に向けて、応募者にいくつかの質問を投げかけた。その質問に誠実に答えようとしたためか、一次審査の時点でもっていた瑞々しさや、得体の知れない迫力のようなものが失われてしまった案が多かったのは少々残念であった。これも忖度の時代のせいか、多様な人びとの意見を聞きながら設計をしなくてはならない時代の反映か分からないが、特にSDレビューで案を世に問うのであれば、純粋に建築的可能性を深く掘り下げることに専心してもよいのではないかと改めて思った。たくさんのことをさまざまな観点で考えないといけない時代だからこそ、建築が、空間が、一瞬にしてこうした状況に応えてしまう、そんな新しい建築が生まれる瞬間に立ち会いたくて僕たちも審査をしているのだから。今後の現場に向かうプロセスのなかで展開する建築的思考の強度と深度に期待したい。

［左］二次審査会の様子。左から順に平田晃久氏、千葉 学氏、江尻憲泰氏
［右2点］オープニングレセプション風景

建築の実現化の難しさ
江尻憲泰

建築作品は、思考を実現化するために、紙やコンピュータの媒体を使って表現しながら試行錯誤を繰り返し、施主や審査機関等関係者の了解を経て着工に至るが、さらに、施工段階でもコストや工期、施工者の考え・能力と格闘をしながら実現化していく。その過程で最初に出たアイデアが洗練され研ぎ澄まされた建築作品になっていく場合と現実の世界にさらされてアイデアを削ぎ落とされながら実現化していく場合がある。今回の入選作品ではどちらかというと後者が多かったように思われた。常日頃、我々審査員も設計者として同じような状況に向き合っているので、皆苦労をしているのだろうと推察はしているが、コンクールでは現実と向き合いながらもアイデアを貫き通した作品が評価されることが多い。しかしながら、実際には、アイデアを縮小されたから駄目な建築になったとは限らず、議論や制約のなかで施主やユーザーにとってはベストな設計として実現している可能性も多々あるので、評価軸に悩んだ。

〈6つの小さな離れの家〉は、土地の歴史や地形を一つひとつ読み取りながら進めた手作り感に溢れ、人のスケールでつくられたことに共感を覚えた。CGやBIMを駆使して設計をしたということもなく、構造的に特殊なことをした作品でもないが、人が家と向き合っていた時代を彷彿させる優れた作品だと思う。〈山王のオフィス〉は、近年、木そのものを見ないで木造を設計、施工する人びとがほとんどであるなか、自分たちですべての材を試験し集成材の組合せを考えたということで関心をもった。これだけの量の木材を見ると、木の目、色合い、感触等々、本やインターネットからは得られない木に対する多くの知見を手に入れたのではないだろうか。その向き合う姿は、昔の大工のように、木を扱う技術者に必要な重要な姿勢だ。〈ヤギのいる庭〉は、スキームとしては面白いのであるが、一次審査の時点で4つ割りの竹を組み合わせていた柱が実際の施工では丸竹に変わってしまっていた。私自身、竹構造はライフワークなので、どのような回答を出してくるか期待していたこともあり非常に残念であった。4つ割りはたしかに耐久性に劣り、手間もかかる。竹を建材にという視点はこのプロジェクトの本質ではないかもしれないが、竹をテーマとした個々のプロジェクトで、竹の弱点を解決するための工夫が積み重なると竹の建築が日本にも浸透するのではないだろうか。〈石と屋根 小さなホテルとワイナリー〉は、石を構造材料として使った面白い作品である。擁壁の壁をアーチ状とすることや、石の重さで先端の重量とバランスをさせることなど、要所で意匠デザインと構造デザインが融合されていて、意匠、構造共にレベルの高いスキルをもった設計者の作品であると感じた。ただ、石が構造材料として前面に出ている作品なので、もう少し石そのもの(強度や性質)に対してのアプローチが欲しかった。実際にはいろいろと考えられているのかもしれないが、プレゼンテーションがなかったことが惜しまれる。

今年の作品は、昨年に比べると建物としての建築作品が増えたように思われるが、傾向としては建築という概念が広くなり、変わりつつあることが感じられた。

新しい混成系の予感
平田晃久

今年から審査に関わることになり、光栄であると同時に身が引き締まった。思えば僕が初めてSDレビューに入賞したのは2004年。十数年たった今も、選ばれた作品たちが発散している熱気は変わらない。しかし明らかに変わった点もある。かつては多様な出来事を胚胎する新しい建築の形式に関心が集まっていたのに対し、もはやそこにフォーカスした作品は少ない。むしろ、そのような統一された形式のもとでの多様性など偽物ではないか、という暗黙の批判を含んだプロジェクトが大勢を占めている。言い換えるなら、「新しい形式」から「新しい混成系」へのシフト。しかし何をもって単なる統一体ではなく、混成系といえるハイブリッド性を獲得することができるのだろうか。

いくつかの提案は、「敷地」を再発見することを鍵としている。それは、通常の意味合いでの「敷地条件」の向こう側に、異なる次元を発見する想像力と関係している。〈6つの小さな離れの家〉はそんな想像力が鮮やかに建築化された作品である。特に防空壕や古井戸といった地下世界との結び付きをもった要素と、新しい建築を絡み合わせることによって、魅力的な混成が生まれそうだ。他にも〈3つ屋根の下〉は制度的な境界を顕在化させることによって、〈エトランゼの庭〉は既存の建築も含めた敷地を新たなエレメント群によって広義の庭として再構築することによって、〈菊名貝塚の住宅〉は基礎レベルにある貝塚の古層を再発見することによって、それを行なっている。そう考えるとタクティカルアーバニズム的な〈境界のパブリシティ〉もまちに潜在する別次元を発見していると読める。〈臨沂街の住宅〉も台湾の中間領域に別次元を切り拓く。「素材」の再発見によって新たな混成を生み出す試みもあった。〈石と屋根〉〈まれびとの家〉はその場に産する石や木材の特殊性に着目し、新しい技術を活かした架構のアイデアと混成させ、新しさと懐かしさを同居させている。竹を用いた〈ヤギのいる庭〉も同様な傾向である。〈山王のオフィス〉も、素材に解像度高くアプローチした秀逸な建築である。ただし元来混成的でばらつきの大きい木という素材を、徹底的なデータ化によってばらつきを克服し統合するという、混成とは逆の方向を取る。〈D鉄工所のオフィス〉も鉄骨という素材に対する徹底したアプローチで特徴づけられる。この作品も混成系というより、高度に統合された形式美をもつ。〈FUJI PUBLIC〉は敷地や素材と関係してはいるが、むしろそのようなことを超えて、混成的エネルギーに満ちた櫓のような場所をつくろうとする。最も謎めいた、しかし勇気に満ちた提案である。〈ぶらさがり住居〉は「ぶらさがり」という言葉の多義的な拡がりをきっかけにさまざまな文脈を引き寄せる、シンプルにして多様な建築をつくろうとする提案である。〈木更津の農場劇場〉はさまざまなシーンが多様に展開する豊かな空間になりそうな提案である。ただここで作者がどのような建築的方法によって混成系をつくろうとしているのか、不明な点もあった。

SDレビューには今でも、新しい建築を模索するエネルギーが満ちていた。僕はそこに、新しい混成系としてのこれからの建築の手触りや可能性を、共感をもって受け止めることができたと思う。

鹿島賞
6つの小さな離れの家

武田清明
武田清明建築設計事務所

庭に家具をばらまいてみる。すると、屋外にも新しい伸びやかな生活環境が広がるのではないかと考えた。

人が居座るほどの内部をもたない「小さすぎる建築」あるいは外から開いて使うような「大きな屋外家具」を、庭にバラバラと計画した。それらは空き地にゼロから生まれた新築群ではなく、敷地内で使われなくなった防空壕、井戸、ムロなどの遺跡のような既存不適格建築物を活かし、それぞれ個別に工種を掛け合わせる（既築×減築×改築×増築）計画とすることで、新旧がキメラのように融合した個性的な建築群が立ち現れた。

それらの建築群「家具の離れ」にいろいろな生活機能（外の流し台、外の本棚、外の食器棚など）を与えてみると、その周囲の庭に、野性的な外の居場所が生まれるのではないかと考えた。そこを「外のルーム」と呼んでみる。そこでは、そよ風を感じ、樹木と同居しながら、真砂土舗装された土の床にテーブルやベンチを並べ、食事や読書などを楽しむことができる。庭にばらまかれたたくさんの小さなボリューム（離れ）は、地域の激しい卓越風をそよ風へと変え、「外のルーム」を居心地のよい環境へと変化させている。

人口減少化で建築が余っていく時代。「大き過ぎる家」を「小さな建築群」へと砕き、閉じていた生活空間を外に開放する。それによって、住宅は、野性的で生き生きとした生活の豊かさ、どこまでも広がっていくような伸びやかな新しい住環境を獲得することができるかもしれない。

武田清明建築設計事務所
武田清明　Kiyoaki Takeda
1982　神奈川県生まれ
2007　イースト・ロンドン大学大学院
　　　修士課程修了
　　　隈研吾建築都市設計事務所を経て
2018-　武田清明建築設計事務所主宰

3. 井戸の離れ

1. 食器棚の離れ

母屋を分棟化するように、一部を減築することで、小さな離れが庭に放り出されるように存在した。かつて営んでいた総菜屋の大量の食器を保管するためにこれを利用する。家族みんなが集まるバーベキューや、週末にのんびり庭で過ごすときに使われる

5. 冷蔵庫の離れ

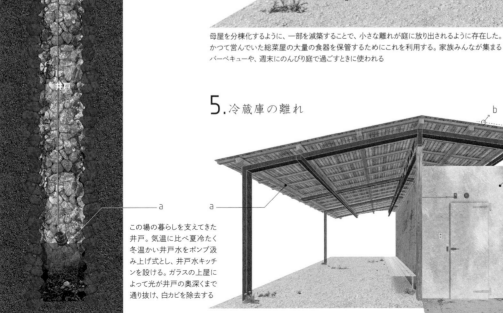

この場の暮らしを支えてきた井戸。気温に比べ夏冷たく冬温かい井戸水をポンプ汲み上げ式とし、井戸水キッチンを設ける。ガラスの上屋によって光が井戸の奥深くまで通り抜け、白カビを除去する

母屋と元総菜屋のあいだに位置する冷蔵庫の減築。ひと塊であったこの建物を分棟化し、敷地全体の風通しをよくする。用途は既存のままとし、家族や来客の訪問時の食材ストックルームとする

a: 既築
b: 減築
c: 改築
d: 増築

配置図　S=1:2,000

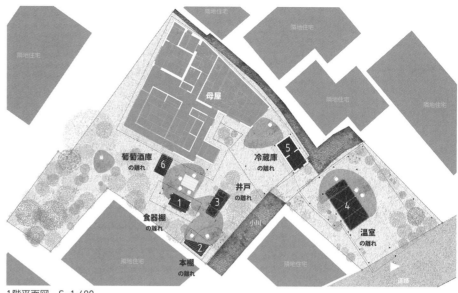
1階平面図　S=1:400

6. 葡萄酒庫の離れ

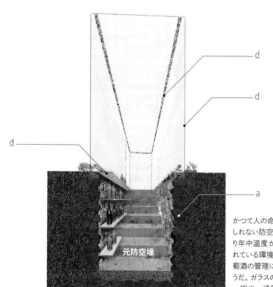

かつて人の命を救ったかもしれない防空壕。地熱により年中温度が一定に保たれている環境は、じつは葡萄酒の管理に適しているようだ。ガラスの上屋は地下へ採光・通風をもたらし、白カビを除去する

2. 本棚の離れ

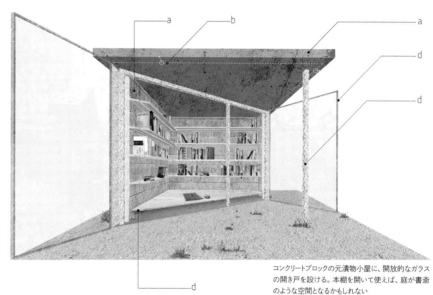

コンクリートブロックの元漬物小屋に、開放的なガラスの開き戸を設ける。本棚を開いて使えば、庭が書斎のような空間となるかもしれない

4. 温室の離れ

かつて野菜が凍らないようにつくられた元総菜屋の地下のムロ。冬温かい地中熱を利用し、光が落ちるよう減築し温室につくり変える。採光のためのガラスの上屋は、表面積を極力小さくし空間を地熱で満たす

プロジェクトマネジメント協力
赤羽 大
構造設計協力
鈴木 啓（ASA）
環境デザイン協力
遠藤えりか
植栽計画協力
太田敦雄（ACID NATURE 乙庭）
既存建物調査協力
柿崎隆志（オフィス21）
協力
久保田祐基、渡部泰匡、内海涼子、
イ・ヨンウン、大場徳一郎、武田暁明
用途
住宅
所在地
長野県茅野市
主構造形式
増築部 鉄骨造、既存部 木造
主要仕上
増築部
［外部］屋根：強化ガラス
　　　　壁：強化ガラス
［内部］天井：鉄骨現し
　　　　壁：強化ガラス
　　　　床：ウッドデッキ
既存部
［外部］屋根：カラー鋼板
　　　　壁：木板簓子張り
敷地面積
548.00 m²
建築面積
282.35 m²
延床面積
417.13 m²
工事予定期間
2018年6月1日〜 2019年4月1日

朝倉賞
山王のオフィス

栗原健太郎＋岩月美穂
studio velocity

愛知県岡崎市に建つ木造2階建てのオフィスの計画。

ひとつの曲面がつくる多様な屋根下空間と包まれたような屋上空間
住宅地に浮かぶ大きなひとつの曲面が、下方向にさまざまな天井高をもつワンルームを、上方向にお皿の中のように柔らかく包み込む屋上空間をつくり出す。

密集地にあって開放的な内部空間と適度にプライバシーが確保された屋上空間とを同時に確保する。

空間をやわらかく規定するランダムな極小径柱
ランダムに配された極小径の木テンション材はやわらかく空間を規定し家具の配置やスペースのまとまりと同時並行で設計される。

曲面屋根とテンション材に掛かる変容する応力
多角形構造とし仕上げ材で曲面をつくるでもなく、曲げ集成材や曲げ鉄骨材で曲面をつくるでもない、非常に薄く偏平した断面のフラット材を使用した重力とテンションによって曲面を生成する新たな曲面のつくり方。

屋上に人が乗っていくと下部の垂直柱に掛かるテンションは徐々に減っていき、最大150人 (40 kg/m²) に達するまで圧縮が掛からないように設計されている。

屋上の積載荷重と引張が、ときによって差し引きしながら、建築の形状を一定に保っている。

精密な木材――集成材のラミナ配列を設計する
使用される約1000本のラミナ材を積載荷重試験して得られた個々のデータを基に、ラミナ材の配列を設計することで12本の「精密な木材」の梁を製作し、構造計算に合致した木構造を実現した。

studio velocity
栗原健太郎　Kentaro Kurihara
　1977　埼玉県生まれ
　2002　工学院大学大学院修士課程修了
　石上純也建築設計事務所を経て
　2006- studio velocity 共同主宰

岩月美穂　Miho Iwatsuki
　1977　愛知県生まれ
　2002　工学院大学大学院修士課程修了
　石上純也建築設計事務所を経て
　2006- studio velocity 共同主宰

屋根をフラットにした場合、屋根の上と下には一様な空間が広がる

屋根を少したわませると屋根の上には中心点ができる

さらにたわませると、中心点は空間となり、たわみは屋根下の空間に変化を与える

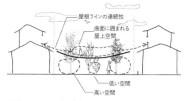
屋根上には屋根に包まれるような空間と、屋根下にはたわみによってワンルームでありながら分割された空間ができる

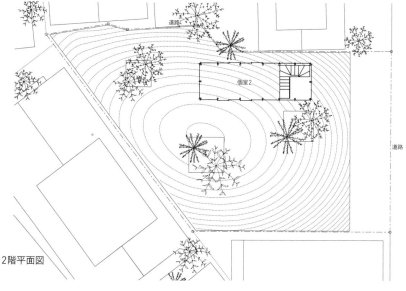
2階平面図

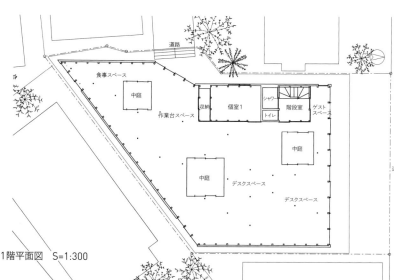
1階平面図　S=1:300

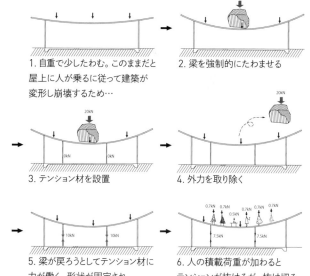
1. 自重で少したわむ。このままだと屋上に人が乗るに従って建築が変形し崩壊するため…
2. 梁を強制的にたわませる
3. テンション材を設置
4. 外力を取り除く
5. 梁が戻ろうとしてテンション材に力が働く。形状が固定され、梁上を歩いても揺れない
6. 人の積載荷重が加わるとテンションが抜けるが、抜け切るまでは形状は固定されたまま

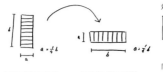 

集成材に使用した個々のラミナの強度

No. 1 L=3934 E=72	No. 31 L=3958 E=65	No. 61 L=3964 E=79	No. 782 L=2239 E=99	No. 812 L=1877 E=148	No. 842 L=2080 E=198		L: ラミナ全長
No. 2 L=3922 E=80	No. 32 L=3921 E=71	No. 62 L=4044 E=80	No. 783 L=2382 E=148	No. 813 L=2004 E=119	No. 843 L=1900 E=74		E: ヤング係数
No. 3 L=4010 E=77	No. 33 L=3917 E=87	No. 63 L=3987 E=75	No. 784 L=2069 E=119	No. 814 L=2011 E=119	No. 844 L=2149 E=99		
No. 4 L=4255 E=81	No. 34 L=4022 E=70	No. 64 L=4030 E=86	No. 785 L=2100 E=148	No. 815 L=1985 E=198	No. 845 L=1782 E=148		
No. 5 L=3912 E=81	No. 35 L=3912 E=73	No. 65 L=3916 E=83	No. 786 L=2028 E=99	No. 816 L=1928 E=119	No. 846 L=1878 E=59		
No. 6 L=4012 E=75	No. 36 L=3972 E=75	No. 66 L=3992 E=78	No. 787 L=1898 E=198	No. 817 L=2014 E=85	No. 847 L=1858 E=148		
No. 7 L=4010 E=77	No. 37 L=3976 E=68	No. 67 L=3963 E=71	No. 788 L=2157 E=148	No. 818 L=1935 E=148	No. 848 L=1883 E=74		
No. 8 L=3880 E=95	No. 38 L=3906 E=67	No. 68 L=4004 E=84	No. 789 L=2159 E=74	No. 819 L=2081 E=85	No. 849 L=2090 E=74		
No. 9 L=3636 E=89	No. 39 L=3954 E=79	No. 69 L=3912 E=63	No. 790 L=2168 E=119	No. 820 L=2072 E=119	No. 850 L=2037 E=85		
No. 10 L=4049 E=69	No. 40 L=3611 E=68	No. 70 L=3966 E=80	No. 791 L=2160 E=74	No. 821 L=2105 E=66	No. 851 L=1951 E=66		
No. 11 L=3949 E=75	No. 41 L=3968 E=74	No. 71 L=3989 E=70	No. 792 L=2057 E=66	No. 822 L=2090 E=54	No. 852 L=2043 E=99		
No. 12 L=3992 E=72	No. 42 L=3130 E=73	No. 72 L=4061 E=80	No. 793 L=2050 E=66	No. 823 L=2168 E=74	No. 853 L=2140 E=119		
No. 13 L=4060 E=73	No. 43 L=3975 E=68	No. 73 L=3924 E=70	No. 794 L=2020 E=85	No. 824 L=1859 E=85	No. 854 L=1910 E=119		
No. 14 L=3866 E=73	No. 44 L=4004 E=71	No. 74 L=3922 E=71	No. 795 L=1952 E=66	No. 825 L=1870 E=85	No. 855 L=2170 E=119		
No. 15 L=3456 E=92	No. 45 L=3970 E=73	No. 75 L=4006 E=83	No. 796 L=2020 E=99	No. 826 L=1894 E=73	No. 856 L=2137 E=198		
No. 16 L=3302 E=75	No. 46 L=3954 E=79	No. 76 L=3961 E=74	...	No. 797 L=2135 E=148	No. 827 L=2070 E=119	No. 857 L=2132 E=85	
No. 17 L=3996 E=79	No. 47 L=3980 E=73	No. 77 L=3984 E=73		No. 798 L=2250 E=99	No. 828 L=1945 E=148	No. 858 L=2111 E=66	
No. 18 L=4010 E=74	No. 48 L=4066 E=73	No. 78 L=3854 E=73		No. 799 L=1876 E=119	No. 829 L=2176 E=297	No. 859 L=1917 E=85	
No. 19 L=4007 E=70	No. 49 L=4003 E=61	No. 79 L=3964 E=79		No. 800 L=2044 E=85	No. 830 L=1875 E=74	No. 860 L=1890 E=42	
No. 20 L=3996 E=77	No. 50 L=3975 E=71	No. 80 L=3989 E=71		No. 801 L=2245 E=119	No. 831 L=2087 E=148	No. 861 L=2059 E=99	
No. 21 L=3926 E=68	No. 51 L=3233 E=72	No. 81 L=3935 E=72		No. 802 L=2119 E=148	No. 832 L=1902 E=66	No. 862 L=2132 E=59	
No. 22 L=3945 E=57	No. 52 L=3975 E=75	No. 82 L=4001 E=73		No. 803 L=2125 E=148	No. 833 L=2155 E=297	No. 863 L=1698 E=85	
No. 23 L=3928 E=84	No. 53 L=3965 E=71	No. 83 L=4052 E=86		No. 804 L=1957 E=42	No. 834 L=2057 E=148	No. 864 L=2016 E=99	
No. 24 L=4066 E=80	No. 54 L=4081 E=75	No. 84 L=3936 E=88		No. 805 L=1978 E=42	No. 835 L=2021 E=66	No. 865 L=2117 E=119	
No. 25 L=3995 E=78	No. 55 L=4021 E=75	No. 85 L=3982 E=70		No. 806 L=1964 E=148	No. 836 L=1966 E=85	No. 866 L=2008 E=148	
No. 26 L=3964 E=73	No. 56 L=3067 E=74	No. 86 L=3965 E=80		No. 807 L=1928 E=148	No. 837 L=2029 E=148	No. 867 L=2007 E=74	
No. 27 L=3957 E=67	No. 57 L=4014 E=75	No. 87 L=2748 E=87		No. 808 L=2090 E=148	No. 838 L=1998 E=119	No. 868 L=2129 E=99	
No. 28 L=4022 E=66	No. 58 L=4017 E=79	No. 88 L=3903 E=70		No. 809 L=2175 E=148	No. 839 L=1934 E=85	No. 869 L=1946 E=198	
No. 29 L=3814 E=78	No. 59 L=4021 E=73	No. 89 L=3994 E=80		No. 810 L=2230 E=198	No. 840 L=2085 E=85	No. 870 L=1862 E=198	
No. 30 L=3922 E=69	No. 60 L=3975 E=71	No. 90 L=3926 E=93		No. 811 L=2072 E=119	No. 841 L=2051 E=99	No. 871 L=2137 E=119	

よりたわみやすい梁を実現するために通常の集成材の使用方向を横倒しにして使用する。ラミナは通常であれば上下方向に積層させるが、経済性が悪くなるため横方向に積層させた

集成材には縁に高いヤング経数をもつラミナを集めた対称異等級と統一のラミナで構成される同一等級とがある。理想的なたわみを実現する集成材には対象異等級の曲がりやすさと同一等級の折れにくさが求められる。

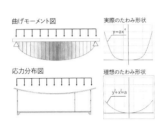 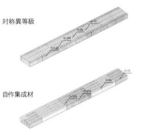 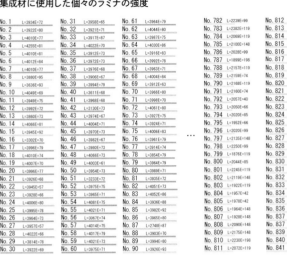

木材をたわませたときの形状は4次関数に近似し、理想とする円弧のような緩やかな形状にはならない。また、大きな曲げ強度をもつ木材は同時に曲がりづらい特性をもち理想のたわみ量を得ることができないという計算結果が出た

対称異等級集成材を構成するラミナの強度を調べて組み替える。高い強度のラミナは応力が集中する中央に集め、曲がりやすいラミナは端部へ集中させることで円弧に近い形状を生む折れにくい集成材となる

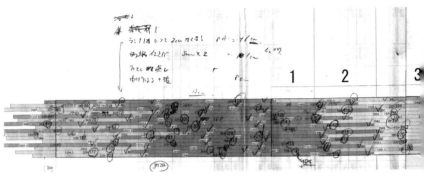

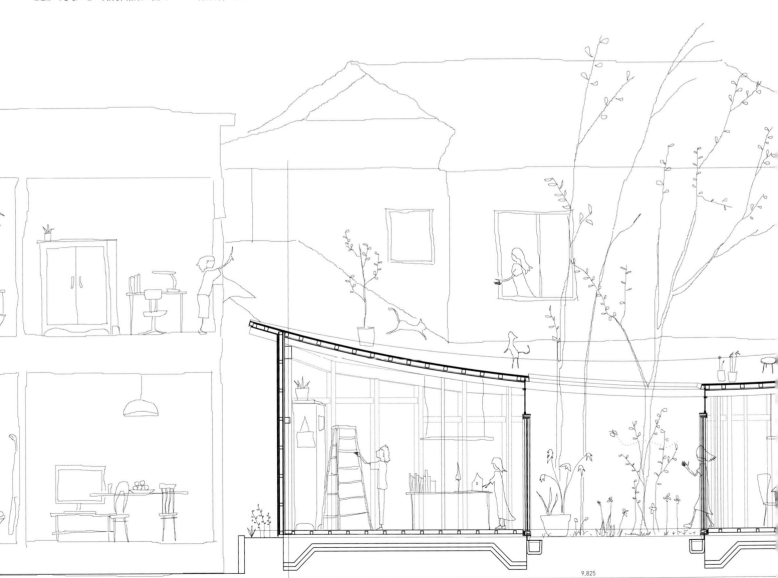

たわみ具合からラミナのヤング係数を逆算する　設計図に従いラミナを並べる

梁一本分のラミナを並べたところ。
スパン中央にヤング係数の高い
ラミナを集中させる

梁伏図　S=1:250

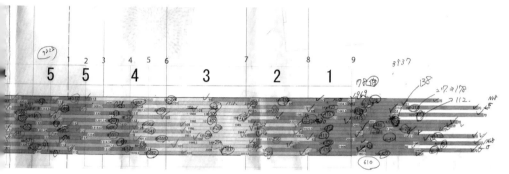

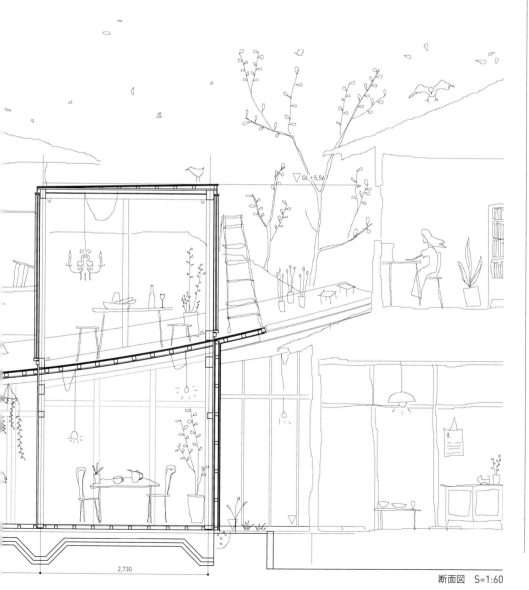
断面図　S=1:60

設計協力
後藤カイ、牧原宏明、鈴木隆介、森 友宏、石本遊大、
葛島隆之*（以上、studio velocity　*元所員）
構造設計協力
藤尾 篤（藤尾建築構造設計事務所）
敷地3Dスキャン
髙橋孝明（空間情報）
展示制作協力
神保祐之、結城宗哉、桜井 大、Ygmunt Maniaczyu、
有我拓磨、宮岡美樹、Vallentina Previtera、
松原成桂、山田恭平、稲垣穂高、澤田敦希
**模型制作・現場作業協力・
意匠スタディ協力・集成材製作協力**
後藤 唯、柳沢双葉、高比座亮太郎、山口壮太、汲田 楓、
伊坂 遼、Jidapa Taweelo、Watanya Ganoksil、
窪田綾香、今尾僚平、大河原剛、中村 達、木村圭佑、
市丸広志、小泉友伽菜、奈良信哉、金田周平、小川紘輝、
後藤諒介、萩 真穂、浅井栄光、斎藤大介、寺島大樹、
奥村光城、梅村 樹、森藤雄太、野田明日斗、本田瑛美、
加藤葉月、宇野琢斗、黒田里奈子、笹島志のぶ、
北原佳奈、浅井康壱、柴田 匠、中根千恵、志村恭平、
江川将史、加藤輝明、石原可南子、杉山拓哉、兼森洸樹、
岩電大知、中村大輝、山本康二、杉山颯俊、
Melissa Koch、川瀬美久、古屋翔吾、常盤諒介、
Ninon Van Den Berg、日野 慧、Pui Hluk、
Simon Bohnet、平井創一郎、Mark Rist、鈴木郁哉
用途
事務所兼用住宅
所在地
愛知県岡崎市井田町山王22-1
主構造形式
木造軸組み
主要仕上
外部
屋根：ウレタン塗膜（飛び火認定品）
壁：ガルバリウム鋼板小波板
内部
天井：ラワン合板t4
壁：ラワン合板t2.5
床：樹脂モルタル　保護材
敷地面積
331.25 m²
建築面積
198.74 m²
延床面積
209.5 m²
工事期間
2017年3月〜2018年9月

SD賞
3つ屋根の下／House OS

神谷勇机＋石川翔一
1-1 Architects

愛知県東浦町における、植物農家を営む施主のための新築住宅の計画。地方の市街化調整区域では農地や宅地が散在しているが、本計画の施主も互いに隣接する「宅地」「農地（接道あり）」「農地（接道なし）」という3筆の敷地をもっていた。それらの土地は一見ひとつの敷地に見えるが、そこには机上で定められた見えない隣地境界線が引かれている。隣地境界線に着目することで、地方の市街化調整区域における新たな風景の提案につながるのではないかと考えた。3つの敷地それぞれに別の用途の建物（住居、農業用倉庫、温室）を建てながらも一体につながる計画にすることで、隣地境界線の存在が消え、大きなひとつの土地に建つひとつの「家」のように暮らせるよう計画した。一方、敷地が異なるため3棟の間にはごく狭いスキマが生じ、環境による新たな隣地境界線が描き出される。そこには制度や敷地用途を超えた生活や現象が存在している。

この計画を通して、過疎化や農業離れが進む地方における農地と宅地のあり方を見直し、互いに寄り添う風景をつくっていきたいと願った。

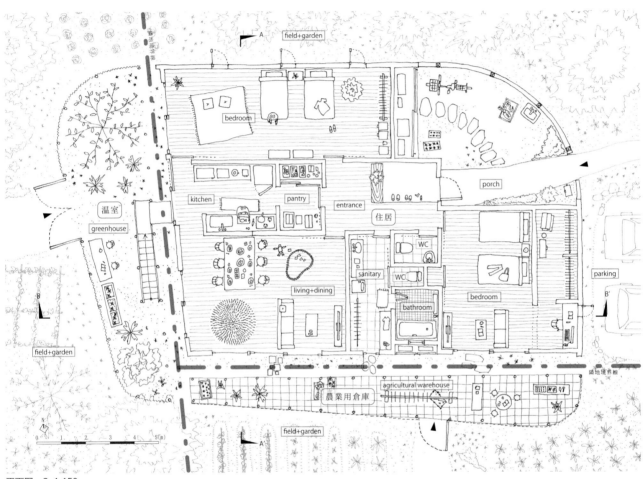

平面図　S=1:150

敷地南東からの眺め
3棟が寄り添い、ひとつのアウトラインを形成している。
構造形式や仕上げは、3棟それぞれの合理性のなかで決定した

農業用倉庫と住居間の隣地境界線からの眺め
2棟の屋根の隙間から見える空が、隣地境界線を描き出す。
境界をまたぎ、3つの敷地全体で生活が営まれる

1-1 Architects（イチノイチアーキテクツ）

神谷勇机　Yuki Kamiya
- 1986　愛知県生まれ
- 2009　三重大学卒業
- 佐々木勝敏建築設計事務所を経て
- 2014-　1-1 Architects共同主宰
- 2014-16　Harare Polytechnic講師
　　（JICA / JOVC）

石川翔一　Shoichi Ishikawa
- 1986　愛知県生まれ
- 2012　名古屋工業大学大学院修士課程修了
- 石本建築事務所を経て
- 2014-　1-1 Architects共同主宰

B-B'断面図　S=1:200

線の厚み

人間は隣地境界線という机上の線を定めたわけだが、少なからずそれは都市のでき方に影響を与えている。しかし一方で、鳥も雲も空気も木々も、そんなことはおかまいなしに華麗に線を飛び越えてみせる。彼（それ）らのように、自由に線をまたぎながら生活することで、新たな住宅の建ち方を提案できるのではないかと考えた。

　線に厚みがないことはもちろんであるが、この家の3棟間のスキマは、「厚みをもった線」だと解釈している。ここは、あちらでもこちらでもない線上という空間であり、壁よりも透明性が高く、それでいて何かを分け隔てているらしいものである。この「厚みをもった線」が、住まい手に3つの敷地で暮らすことを想起させる役割を担っている

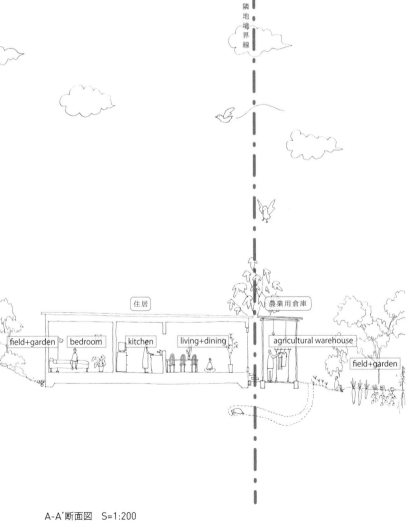

A-A'断面図　S=1:200

リビングダイニングからの眺め
奥に温室、左手に農業用倉庫が見える。
それぞれの建物は立体ガーデンや、夏の日差しを遮る庇のように機能する

025

[左]施主の温室
施主は観葉植物農家を営んでいる。品種開発などに意欲的に取り組み、本計画でも植物栽培のための場づくりを積極的に行っている

[右]計画敷地
敷地は愛知県の郊外にあり、周囲には田畑が多い。見晴らしのよい高台に宅地、農地、農地の3つの土地を所有している。普通に眺めるだけでは、1つの土地にしか見えない

風景のでき方を変える建築

地方では農業を営んでいる家庭が多く、宅地と農地が混在している。住宅を建てるときには住宅のことだけを、農業施設(倉庫や温室)を建てるときには農業施設のことだけを考えて建築がつくられる。これらを同時に計画することで、互いに影響し合い、それぞれの良さを伸ばすことにもつながると考えた。地方の過疎化や農業離れが進むなかで、農業(農地)と住宅(宅地)のあり方を見直して、互いに寄り添う風景をつくっていきたいという願いがこの住宅案につながった

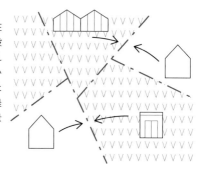
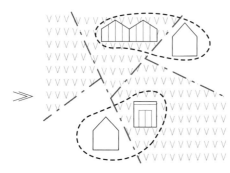

3つの敷地に建てること

当然であるが、住宅は宅地にしか建てられない。また、建築基準法には、一敷地一建物の原則が存在する。本計画では宅地に住居を、2つの農地に農業用倉庫と温室をそれぞれ建てることで、3つの敷地それぞれにひとつずつ建物を建てることとした

設計協力
後藤 唯(1-1 Architects)

構造設計協力
小松宏年(小松宏年構造設計事務所)

展示制作協力
岡本拓巳、勝浦凪斗、倉知 翔、小山涼音、柴田英輝、谷口 舜、内藤豪虎、前川寛太

用途
専用住宅

建設予定地
愛知県東浦町

主構造形式
木造、鉄骨造

主要仕上
外部
屋根：ガルバリウム鋼板、
　　　ポリカーボネート
壁：ガルバリウム波板、
　　サイディング　吹き付け塗装
内部
天井：構造用合板　OS
壁：ビニルクロス
床：無垢フローリング　OS

敷地面積
宅地 354.93 m^2、農地A 193.04 m^2、
農地B 426.50 m^2

建築面積
住居 166.79 m^2、
農業用倉庫 21.20 m^2、
温室 33.50 m^2

延床面積
住居 166.79 m^2、
農業用倉庫 21.20 m^2、
温室 33.50 m^2

工事予定期間
2018年11月〜2019年5月

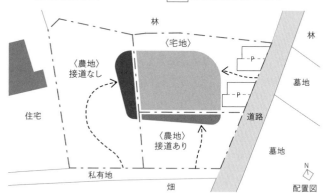

3つ建物が寄り添い、敷地に裏をつくらないこと

ひとつの土地ごとに建物を考えると表裏ができやすく、それがまちなみの形成へとつながっている。本計画では、3つの建物が寄り添い、3つの土地全方向に開いていく住宅を目指した。また、これにより地方の市街化調整区域における農地と宅地が寄り添う風景のつくり方を提案する

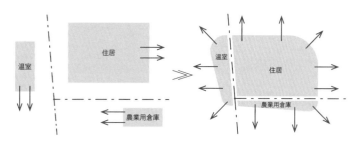

3つの建物があること・1つの建物に見えること

ゲシュタルト心理学の創始者のひとり、マックス・ヴェルトハイマーは形態を知覚する際に働く心理的要因をプレグナンツの法則としてまとめ、7つの群化の要因を挙げている。本計画では、外壁ラインに連続性を与えることでまとまった1つの建物に見えるようにする一方、仕上げはそれぞれ別のものにすることで(類同性の排除)、3つの建物の独立性を残した

建築の形状が描く隣地境界線や、3棟の仕上げが異なることで、3つの敷地に3つの建物が建っているようにも見える

3つの建物のアウトラインをそろえ、連続させる。それにより隣地境界線が消えて、1つの敷地に1つの建物が建っているようにも見える

奨励賞
石と屋根
小さなホテルとワイナリー

高池葉子＋尾野克矩＋草野 佑＋浜田英明
高池葉子建築設計事務所＋浜田英明建築構造設計

海と山に囲まれた、かつての石切場。「この場所を活かすにはどうすればよいか？」それが地主さんから私たちへの問いでした。

古来より石材は良質なものをわざわざ遠方より運搬して用いるほど、貴重なものでした。根府川は、日本有数の優れた安山岩「根府川石」の産地です。これを活かさない手はありません。

私たちはこの場所に新たな生業をつくり、この土地だからこそできる建築をつくります。

ひとつは、暮らすように宿る、滞在型の小さなホテル。この地域に点在するみかんの段々畑と百姓積みと呼ばれる石垣を建築言語として、その高低差を利用しながら客室と「石のラウンジ」を配置します。「石のラウンジ」は、段差と石の重量をうまく使いながら、眼下に広がる海への眺望を柱で遮ることのないよう、やじろべえ型のキャンチレバー屋根としています。ここを拠点として、宿泊者は敷地周辺を散策し畑仕事を体験します。

もうひとつは、地域経済の再活性化を目指す「石のワイナリー」。耕作放棄地となっている元みかん畑をぶどう畑に転用し、地域に根ざしたワイナリーをつくり、雇用の促進と観光資源の創出を図ります。「石のワイナリー」は、この石切場で発生した石材をそのまま屋根材や壁材として再利用した石蔵です。この土地の石が、熟成に最適な室温と湿度をつくり出し、おいしいワインづくりに貢献します。

これらを中心としてこの地域全体の魅力を引き出すこと、それを私たちは模索し続けます。

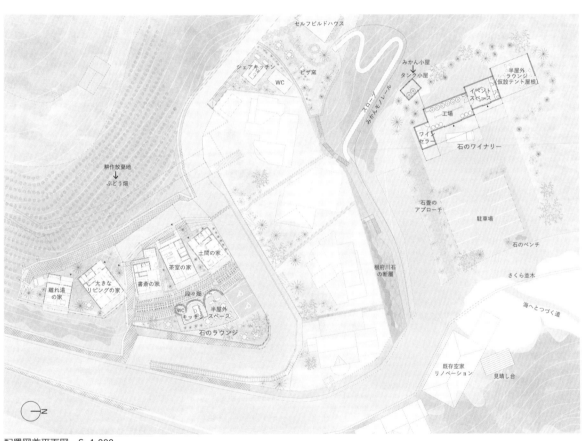

配置図兼平面図　S=1:800

敷地周辺の風景。左から順に、みかんの段々畑、岩礁の浜辺、根府川石の採石場

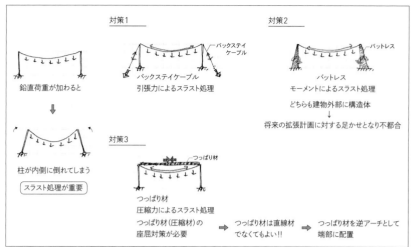

石のワイナリー構造形式検討1

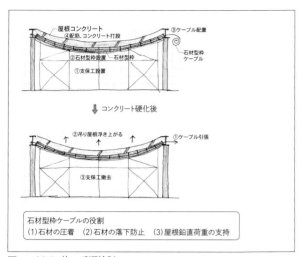

石のワイナリー施工手順検討

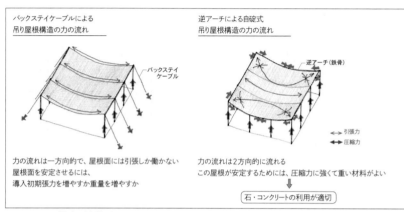

石のワイナリー構造形式検討2

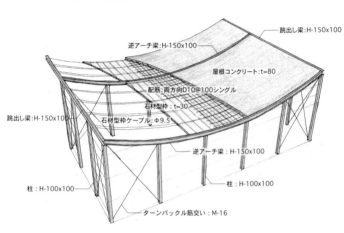

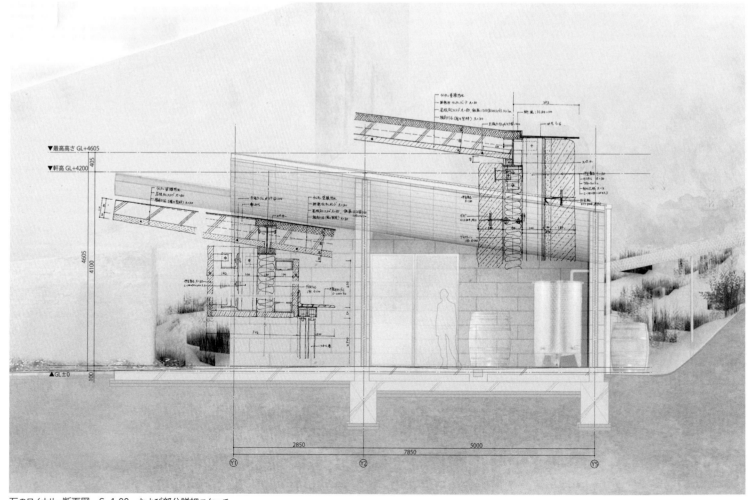

石のワイナリー断面図　S=1:80　および部分詳細スケッチ

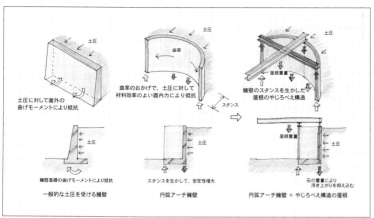

石のラウンジ構造形式検討

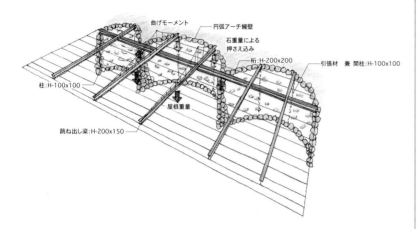

**高池葉子建築設計事務所
＋浜田英明建築構造設計**

高池葉子　Yoko Takaike
　1982　千葉県生まれ
　　　　伊東豊雄建築設計事務所を経て
　2015-　高池葉子建築設計事務所主宰

尾野克矩　Katsunori Ono
　1983　大阪府生まれ
　　　　西沢立衛建築設計事務所を経て
　2018-　高池葉子建築設計事務所

草野 佑　Tasuku Kusano
　1989　長崎県生まれ
　2018-　高池葉子建築設計事務所

浜田英明　Hideaki Hamada
　1981　石川県生まれ
　2013-　浜田英明建築構造設計主宰
　2017-　法政大学准教授

設計協力
遠藤 新（工学院大学）、三島由樹（FOLK）

展示制作協力
山嵜大輔、高山侑記
（以上、浜田英明建築構造設計）、
多田脩佑、冨永大貴、藤原伸哉、
堀川直義、源 博欽、伊藤文明、栗原 陸、
小宮嘉晃、土肥篤志、濱野拓弥
（以上、法政大学浜田英明研究室）、
野口明子（慶應義塾大学SFC研究所）、
安井勇吾（法政大学）、
松野 麗（慶應義塾大学）、
池谷麻里奈（武蔵野美術大学）、
堀江眞実（東京理科大学）、林 孝之

**根府川石提供
およびモックアップ制作協力**
小林石材工業

写真協力
玉利康延

用途
ホテル、ワイナリー

建設予定地
神奈川県小田原市

主構造形式
石のラウンジ：鉄骨造、客室：木造、
石のワイナリー：鉄骨造

主要仕上
石のラウンジ
［外部］屋根：ウレタン塗膜防水
　　　　壁：根府川石小端積み
［内部］天井：木毛セメント板
　　　　壁：根府川石小端積み
　　　　床：コンクリート土間
石のワイナリー
［外部］屋根：ウレタン塗膜防水
　　　　壁：伊豆青石張り
［内部］天井：根府川石
　　　　壁：伊豆青石張り　床：コンクリート土間

敷地面積
ホテル1,065 m²、ワイナリー3,651 m²

建築面積
ホテル395 m²、ワイナリー265 m²

延床面積
ホテル268 m²、ワイナリー100 m²

工事予定期間
2019年4月〜2020年3月

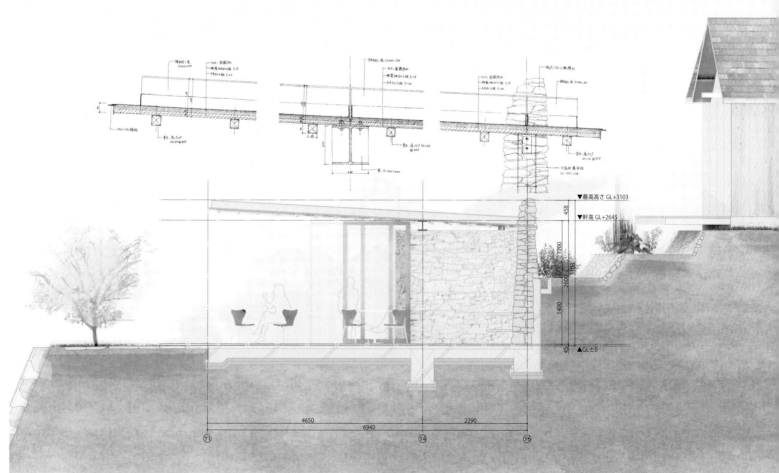

石のラウンジ断面図　S=1:80　および部分詳細スケッチ

まれびとの家

秋吉浩気
VUILD

地方の地方にこそ未来がある。なぜならば、情報技術の進化によって、どこにいても都市部のような働き方・暮らし方が享受できる社会が到来しつつあるからだ。そこでは、都心に住む必然性や、観光と日常の境目は消滅し、建てるために必要な豊富な木材と、人間性を回復してくれる広大な風景を有す「富山県南砺市利賀村」のような小さな村に競争優位性が生まれるだろう。この地域では毎年、厳しい冬を越えた春先に「お祭り」が開催され、住人たちが各集落を行き交い、共同体の外部の存在と共に毎日飲み食いをする。おそらく、「共同体の外部からやってきて、強烈に異質な体験をもたらす来訪者＝まれびと」を待ち望む地域性があるのだろう。そうであるならば、「集落の消滅」を憂い定住の移住者を求めるのではなく、稀に訪れる人が日々入れ替わりながらも常に存在している状態をつくることが、この場には相応しいのではないかと考えた。また、このエリアには、相倉および菅沼に代表される「合掌造り」や、町屋構法として「枠の内」といった伝統構法が存在する。前者は、欅のチョンナ梁（根曲がり材）の上に、扠首組が駒尻（ピン）で乗った「柔の構造」であり、後者は杉の柱に欅の梁が井桁状に組まれた「剛の構造」である。これらを組み合わせることで、壁でありつつ屋根であるような、合掌のかたちをしつつ井桁で組まれているような、そんな意匠を考案した。

VUILD
秋吉浩気　Koki Akiyoshi
1988　大阪府生まれ
2013　芝浦工業大学卒業
2015　慶応義塾大学大学院修士課程修了
2017-　VUILD主宰

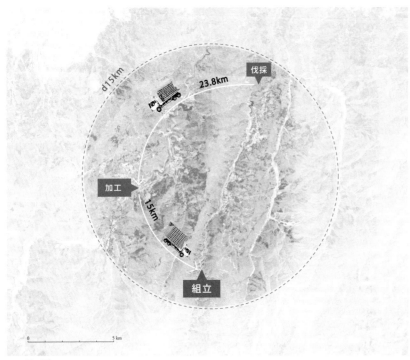

システム図
伐採－製材－加工－組立といった、原材料の調達から建設までの流通が半径10km圏内で完結するローカルな生産ネットワークを構築することで、地域や山にお金が落ちる仕組みを提示した。ここで基幹となっている技術は、安価で高性能な3軸CNCミリングマシンSHOPBOTである。同機種は、全国に28台が導入されているが（2018年12月現在）、これらのグローバルな生産ネットワークとデータを共有することで、並列の分散生産や、他地域での再現が可能である。これらは、デジタル生産技術ならではの特性だろう

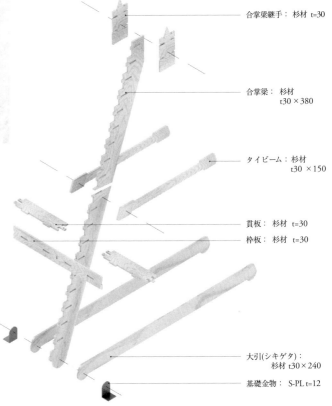

部品の構成

構法について
使い道のない大径木を活用することと、地域の木材と地域の人間だけでつくれることの2つに重きを置き、丸太を36mm間隔でダラ挽き（純粋にスライスする）ことで生まれる板材を用いてできる手法を考案した。仕上がり寸30mmというのは、そもそも割れやすく反りやすい杉を用いるのに薄過ぎるのであるが、「素人でもつくれる家具の延長としての建築」というコンセプトを実現すべく、試作を繰り返すことで仕口の寸法を決めていった。最終的には、合掌板に貫板を両側から差し込み、込栓で仕口を締め、そのうえで枠板が取り付くことで、回転剛性に抵抗する接合部を考案した

北へ

東から

内観パース

鳥観図。画面左下にまれびとの家が立つ

ファサードについて

合掌造りは妻面を南北に配置されるが、それには理由がある。南北に平行して走る山脈が、巨大なU字溝のように機能し、南北に風が吹き込むからだ。また、東西どちらの日射も均等に受けるので、茅葺の焼け具合を平等にするためでもある。本建築においても、同様に妻面を南北に配置し、西側を閉じ、東側のファサードに「ウィンドキャッチャー」の機能をもった開口部を設けることで、平面から風を建築内部に取り込むことにした。北側からの風が支配的であるため、北風を掴む開口を南側より多く配置した。
表面に張られている杉皮は、菅沼の合掌造りでも採用されているように、寒冷地ではよく用いられる素材である。木を余すことなく使うことを目指しているので、皮まで建築として使い切りたいと思った

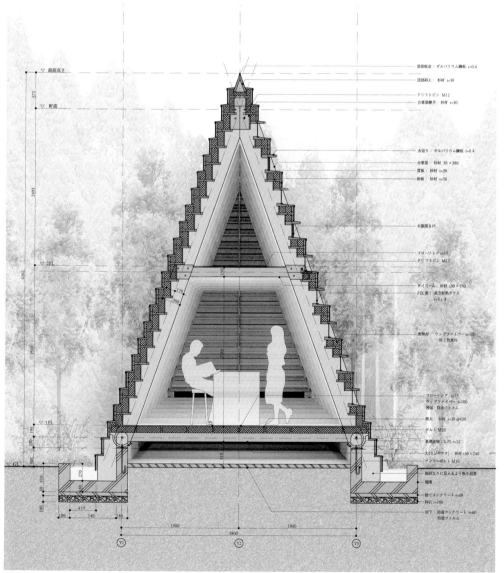
短手断面詳細図　S=1:60

設計協力
黒部駿人、高野和哉、高橋沙耶
(以上、VUILD)

構造設計協力
金田泰裕
(yasuhirokaneda STRUCTURE)

設備設計協力
DE.lab

展示制作協力
加藤花子、守屋真一、森川好美、
吉沢 萌、加藤里菜、阿部光葉、
小川真平、カマタ_ブリッヂ

運輸協力
日高 優

金物制作
ヒラミヤ

断熱材協賛
ナイス

コーディネーター
ナントライフ

基礎工事・運営協力
上田組

加工・施工協力
長田組

用途
短期滞在型シェア別荘

建設予定地
富山県南砺市利賀村

主構造形式
木造

主要仕上
[外部] 屋根：ガルバリウム鋼板
　　　壁：杉皮
[内部] 壁：杉
　　　床：杉

敷地面積
329.98 m²

建築面積
43.36 m²

延床面積
48.76 m²

工事期間
2018年10月～11月

ヤギのいる庭

香川翔勲＋佐倉弘祐＋髙木秀太
＋藤井章弘＋筒井 伸

長野市善光寺門前界隈に位置する住宅と空き地の改修計画である。施主は、この界隈の空き家利活用の流れを汲み取りながら、「空き地」に着目し、まちなかにある畑「まち畑」をつくるプロジェクトを推進している。現在、夫婦・ヤギ・猫で暮らしており、今後ハナレを学生2人に貸し出す予定である。畑・ヤギを介して、すでに老若男女問わず良好な関係を築いている。自分が楽しむことで、まちの人びとが集まる場所を目指す施主の生活を、さらに楽に楽しいものにする設計を試みた。

裏山から採取できる竹を活用した「竹ユニット」を提案する。それは、母屋・ハナレ・ヤギ小屋・畑を連続させ、「循環」を生み出す装置となる。さらに、用途に応じて竹を分割することで、ヤギ小屋の柵、雨水利用のための樋、畑の支柱などの多様な役割を担わせることができる。建築、家具、畑とスケールを横断的に連続させることで、循環の流れを円滑にする。

主要構造部には、直感的に理解しやすいボルト締めを採用し、その他の部分では、紐を補完的に使用した。適度な制約と自由度をもたせることで、素人でも施工可能となり、更新が容易な開かれた工法となる。そしてその工法が、畑を耕すように建築をつくることを可能にする。

持続可能でより楽しくなる施主の生活を実現することで、敷地・近隣・他の畑・裏山・人の交流へと循環の輪は広がっていく。

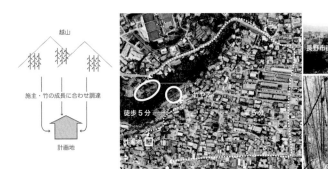

裏山から集まる竹
計画地の近くにある竹やぶから、材料を調達することで、計画地周囲を巻き込んだ循環を生み出す。現段階で2つの竹やぶから竹を調達することができている。ともに計画地から徒歩5分以内にある

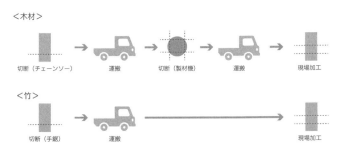

竹の使用で流通コストを低減
裏山に竹があることで、通常の木材の流通にかかる手間よりも経済的かつ環境に優しく材料を調達することができる。また、軽く切断が容易な竹は素人でも調達が可能

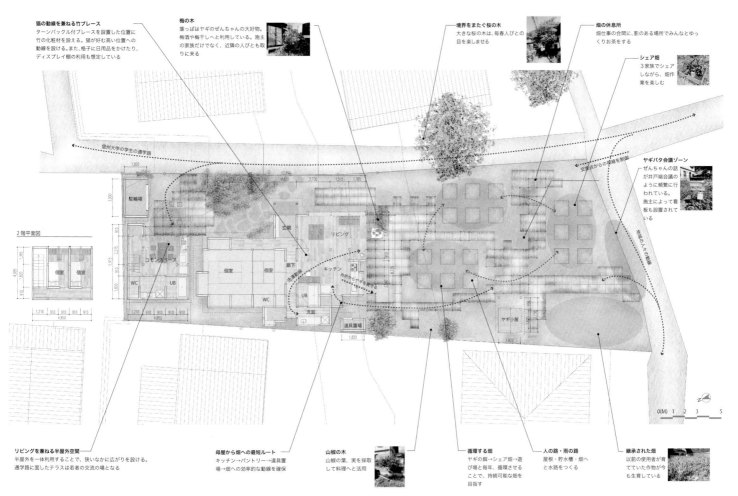

猫の動線を兼ねる竹ブレース
ターンバックル付ブレースを設置した位置に竹の化粧材を添える。猫が好む高い位置への動線を設ける。また、格子に日用品をかけたり、ディスプレイ棚の利用も想定している

梅の木
葉っぱはヤギのぜんちゃんの大好物。梅酒や梅干しへと利用している。施主の家族だけでなく、近隣の人びとも取りに来る

境界をまたぐ桜の木
大きな桜の木は、毎春人びとの目を楽しませる

畑の休息所
畑仕事の合間に、影のある場所でみんなとゆっくりお茶をする

シェア畑
3家族でシェアしながら、畑作業を楽しむ

ヤギバタ会議ゾーン
ぜんちゃんの話が井戸端会議のように頻繁に行われている。施主によって看板も設置されている

リビングを兼ねる半屋外空間
半屋外を一体利用することで、狭いなかに広がりを設ける。通学路に面したテラスは若者の交流の場となる

母屋から畑への最短ルート
キッチン→パントリー→道具置場→畑への効率的な動線を確保

山椒の木
山椒の葉、実を採取して料理へと活用

循環する畑
ヤギの飼→シェア畑→遊び場と毎年、循環させることで、持続可能な畑を目指す

人の路・雨の路
屋根・貯水槽・畑へと水路をつくる

継承された畑
以前の使用者が育てていた作物が今も生育している

構造システム
竹の断面を分割し、組み合わせることで、交換が容易で汎用性の高い部材を生み出す。モックアップを多数作成し、簡易な構造実験で試行錯誤を行ったうえで構造システムを決定した

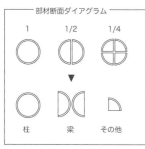

床は梁や金物に紐で固定
接合部は金物を使用
梁は紐で固定
ボルト接合
柱脚が埋められない箇所は、紐を通し、X型にブレースを配置
柱脚は鋭利に削り、土に埋め込む（埋め込み不可の箇所は、ブロック基礎等を設ける）

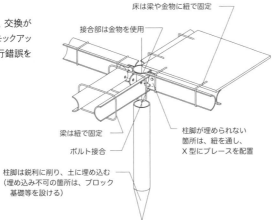

幹、枝、葉
変わる部分、変わらない部分を3つの役割に位置づけ、スケールを横断する

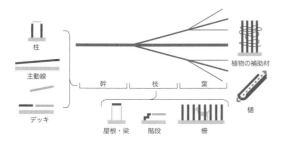

香川翔勲＋佐倉弘祐＋髙木秀太＋藤井章弘＋筒井 伸

香川翔勲　Shokun Kagawa
1986　兵庫県生まれ
2016-　トペアーキテクト主宰

佐倉弘祐　Kosuke Sakura
1983　千葉県生まれ
2016-　信州大学学術研究院工学系助教

髙木秀太　Shuta Takagi
1984　長野県生まれ
2016-　髙木秀太事務所代表

藤井章弘　Akihiro Fujii
1987　奈良県生まれ
2014-　松田平田設計

筒井 伸　Shin Tsutsui
1994　愛知県生まれ
2018-　信州大学大学院修士課程

設計協力
浅井 廉、伊藤一生、東 礼華
（以上、信州大学佐倉研究室）

展示制作協力
斉藤知真（信州大学寺内研究室）、
正治佑貴、三好健太、山越伊織
（以上、信州大学）

施工協力
尾藤彗一（アドイシグロ）

プログラミング協力
髙塚 悟（髙木秀太事務所）、
南 佑樹（東京大学）、
布井翔一郎、飛田剛太
（以上、東京理科大学）

用途
住居・シェアスペース

所在地
長野県長野市

主構造形式
木造および竹造

主要仕上
外部
屋根：瓦、ガルバリウム鋼板
壁：漆喰、モルタル
内部
天井：PB　AEP、木天井
壁：左官、PB　AEP
床：無垢フローリング、畳

敷地面積
538.00 m²

建築面積
155.50 m²

延床面積
150.10 m²

工事予定期間
2019年3月〜12月

FUJI PUBLIC
―物干台のような 雲のような―

坂牛 卓＋宮 晶子
＋中川宏文＋飯塚るり子＋甲津多聞
O.F.D.A. associates
＋miya akiko architecture atelier

富士急行下吉田駅前の空き家が残る敷地に、民間とNPOによる街再生の一環として依頼された展望台とキオスクの設計である。富士山の裾野に広がる富士吉田は、地方都市共通の空洞化の課題を抱えながらも、背後の富士山の存在からか、豊かな水脈と岩盤、織物で栄えた昭和の街の面影など、どこかその問題から超越したような日常のなかに演劇的な非日常性をたたえた不思議な魅力があった。音楽ユニット"フジファブリック"の創始者もこの街の出身である。彼らの詩や旋律に感じられる、叙情性・普遍性・変態性はわたしたちの計画とシンクロした。日常と非日常、プライベートとパブリックの境界が繰り返し反転する経験の重なりと、街での情景の重なりが、街のはずれに位置する駅前と街の気持ちをつなげていく。

設計は全体の構成を前提とはせず、風景のコンテクストと絡みながら空中に浮遊する散策の軌跡―Lineと自然の摂理としての力の流れ―Lineを紡ぎながら、構造と非構造を等価に扱い、日常から類推される図像を織り込んでいった。合理的とも非合理的ともいえないこの作業は、つくる人によって「見つけられた」ものが、見る人によって別な日常として「見つけられる」可能性を秘めている。完結的ではなく、そのようなものがつなげるイメージの切りのなさの先に、ここにしかない、人びとのまなざしや経験によって少しずつ異なる図像として記憶されるような瑞々しい建築を立ち現したい。

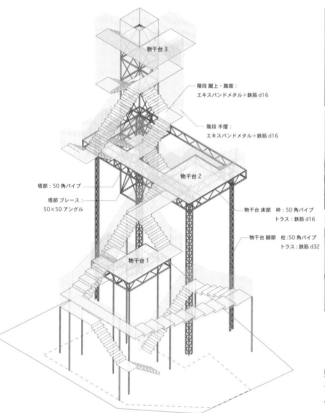

既存建物を利用した1階部分には
インフォメーションとキオスクが入る

クラフトマンシップによるスチールワークに日常の造形を学ぶ。富士吉田には屋根の上の物干台が今も多く見受けられる。また火の見櫓や鉄塔、鉄骨階段など見慣れた風景をこのプロジェクトに重ね合わせていく

敷地には、築50年ほどの空家が残っている。私たちは、それを一部残すことで街に流れていたこれまでの時間、日常性を継承したいと考えた。駅前広場に面する隅切りの角地にあたる北西部分を残し、延焼のおそれのある部分に掛かる南東部を削除する。かつて家だった室内は外部化され、家のまわりには、神社の境内のような気軽に立ち寄ることができる用途が定まらない公共の場所が取り巻く

富士吉田の街には不思議な魅力がある。富士山に向かって街全体がなだらかに傾斜し清流が何本も走る。その水脈から発展した機織りでかつて街は栄え、繁華街はその昭和の面影を強く残している。新しい地場産業の吉田うどんや精密機械工場も富士山の岩盤が影響している。地方共通の街の空洞化の問題を抱えながらも、どこかその問題から超越したような日常性のなかに演劇的な非日常性をたたえているのは、背後に控える富士山の存在があるからだと感じる。駅前の敷地はその裾野の縁にある

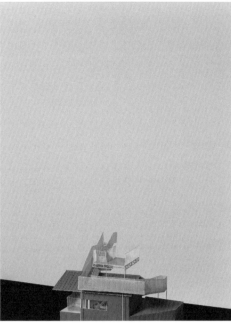

模型の組写真
展示にあたって組写真の撮影を写真家のGottingham氏に依頼した。現物のS=1:20の模型とともに、他者である写真家の目を通した組写真を展示することで、展示会場に訪れた人が、自身の経験や記憶と交感しながら、さまざまな見方を「見つけられる」関係を提示したいと考えた

自然の摂理としての力の流れ-Lineを紡ぎながら、構造と非構造を等価に扱い
日常から類推される図像を織り込むスタディ　S=1:50
糸を編んではほどき、ほどいては編むように、見え方と構造をさぐる、合理的とも非合理的ともいえないこの作業は、つくる人によって「見つけられた」ものが、見る人によって別な日常として「見つけられる」可能性を内包させるための過程でもある

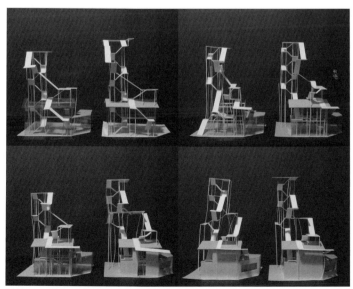

風景のコンテクストと絡みながら空中に浮遊する
散策の軌跡-Lineのスタディ　S=1:100
展望台は、かつての家のなかから、寓話「ジャックと豆の木」のように、階段が家に絡みながら風景に絡みながら、屋根を突抜け上へ上へと伸びていき、また家へと戻っていく。一筆書きの軌跡でありながら、複数のルート、他にあり得たかもしれないルートを内包させていった

O.F.D.A. associates
＋miya akiko architecture atelier
坂牛 卓　Taku Sakaushi
　1959- 東京都生まれ
　1998- O.F.D.A. associates共同主宰
　2011- 東京理科大学教授
宮 晶子　Akiko Miya
　1963- 兵庫県生まれ
　1997- STUDIO 2A主宰
　　　（2018にmiya akiko
　　　architecture atelierに改称）
　2012- 日本女子大学准教授
中川宏文　Hirofumi Nakagawa
　1989- 長崎県生まれ
　2016- O.F.D.A. associates、
　　　富士吉田地域おこし協力隊
飯塚るり子　Ruriko Iizuka
　1988- 宮城県生まれ
　2017- miya akiko architecture
　　　atelier
甲津多聞　Tamon Kozu
　1991- 滋賀県生まれ
　2018- O.F.D.A. associates

構造設計協力
金田充弘（東京藝術大学）
展示物写真
壁、ライトボックス：Gottingham
展示物グラフィックデザイン
壁：阿部原己
模型制作協力
石原拓人、大月彩未、久保 遥、本田 希
（以上、東京理科大学坂牛卓研究室）、
大藤美里、奥山香菜子、小林奈七子
（以上、日本女子大学宮晶子研究室）
プロジェクトマネージメント
滝口伸一
用途
展望台＋キオスク
建設予定地
山梨県富士吉田市
主構造形式
鉄骨造
主要仕上
鉄骨階段部
常温亜鉛メッキ　フッ素塗装
既存建物部
［外部］屋根：既存トタン屋根改修
壁：既存トタン小波板改修、
　　一部コンクリートブロック　塗装
［内部］天井：既存軸組現し
壁：既存軸組現し、一部構造用合板
床：モルタル金ごて仕上
敷地面積
130.88 m²
建築面積
44.52 m²
延床面積
44.52 m²
工事予定期間
2019年1月〜8月

臨沂街（リンイージエ）の住宅

佐野健太
佐野健太建築設計事務所

台北市の中心部、古くから残る住宅街に計画中の住宅である。

住まい手は50代夫妻と、今はそれぞれ各国の都市に別れて暮らす3人の子供たち。彼ら5人は、使用人たちと共に寄り添って住まう伝統的華人社会の大家族的な暮らし方を望む一方、独立性が確保され離散的な現代都市生活をも志向している。そこで、ここではそれらが同時に成立するような住宅を目指すこととした。独立住宅でありながら集合住宅のような、各住戸単位と社会とが直接つながり得る住宅の提案である。

敷地は前面道路が4mに満たず、周りの古い建物はみな境界いっぱいに建て込んでいる。現行法規に従えば相当セットバックして配置せざるを得ず、超高密住宅地のなかに自然とヴォイドが発生する。こうしてできた都市のヴォイドを建物外周のバルコニーやアーケード、あるいは避難動線でもある屋外階段と立体的に接続させ、螺旋状に外部空間がまとわりつく構成とした。

建物ヴォリュームの最外周に1.2mピッチで100mm角の鉄骨柱を並べ、1.2m内側にオフセットした位置に、同じく100角の柱を2.4mごとに配置する。主に外側は水平力、内側は鉛直力をそれぞれ負担する外殻構造であり、主要スパン7.2mの無柱空間を実現した。このダブルスキン部分が内部からの要請や周辺環境との関係などによって凹凸をつくり、また、外殻部にブレース効果が期待できる3種類の材料（パンチングメタル、金属ロッドメッシュ＋壁面緑化、CLT）でできたパネルを嵌入させることにより、ポーラスでユニークな外観をつくり出している。

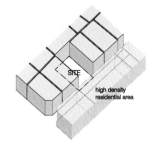
01. 境界いっぱいに建て込んだ古い住宅が敷地を取り囲んでいる

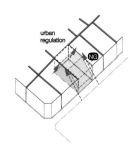
02. 現行法規では敷地に目一杯に建てられない

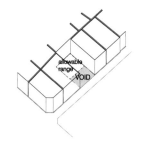
03. 後退によって必然的に発生する都市のヴォイド

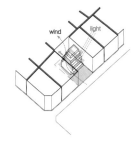
04. ヴォイドが螺旋状に建物にまとわりつき、アーケードとなり、バルコニーとなり、避難動線となり、庭園となる

三合院

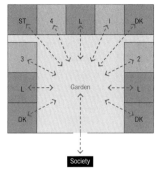

中国伝統的民家タイポロジーのひとつである三合院は古くからある「バルコニーアクセスタイプの集合住宅」ということができるかもしれない

1. 血縁をもつ多世代世帯がエントランスを共有し、まずはいったん庭に入る
2. 庭を経由して各世帯の私的領域、もしくは公共スペースへとアクセスする
3. 社会と接続する際には必ず庭を経由する
4. 世帯をまたぐ共有スペースにアクセスする際もまた然り

臨沂街

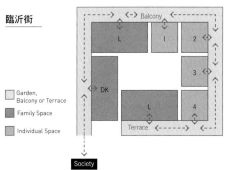

この構成が「臨沂街」の場合においてもそのまま応用できると考えた。大家族的な住まい方に惹かれつつ、個人の独立性も確保したい。そんな住まい手の要求に、この古くから華人社会で発展した形式が非常に合致しているように思えたのである

佐野健太建築設計事務所
佐野健太　Kenta Sano
1974　東京都生まれ
2004　横浜国立大学大学院修士課程修了
伊東豊雄建築設計事務所を経て
2015- 佐野健太建築設計事務所主宰

3階

4階

5階

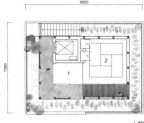
6階

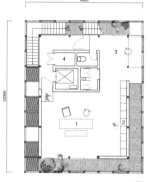
2階

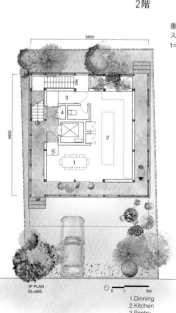

1. Dinning
2. Kitchen
3. Pantry
4. Storage

1階平面図　S=1:300

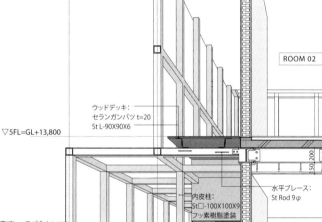

詳細断面パース　S=1:50

設計協力
梯朔太郎、黄 羽韓
(以上、佐野健太建築設計事務所)、
小場瀬卓志(エラスムス・ロッテルダム大学)

構造設計協力
金田泰裕
(yasuhirokaneda STRUCTURE)

設備設計協力
王 茲妤

展示制作協力
野田隆雄、鈴木翔之亮、土屋瑛衣子、
楠元彩乃、荒川夏菜子、服部絵里佳、
矢野晴子、岡山祐輔、勝部直人、
菊地真祐子、菊地悠太、園田 蒼、豊田 祐

用途
独立住宅

建設予定地
台湾　台北市

主構造形式
鉄骨造、一部RC造

主要仕上
外部
屋根：鋼板、コンクリート等
壁：パンチングメタル、ツル系植物、CLT、Low-Eガラス等
内部
天井：PB、ケイ酸カルシウム板等
壁：PB、合板等
床：石、フローリング、カーペット等

敷地面積
約197 m²

建築面積
約90 m²

延床面積
約283 m²

工事予定期間
2019年2月～2020年2月

菊名貝塚の住宅
— 基礎に住む

塩崎太伸＋小林佐絵子
アトリエコ

傾斜地の住宅
傾斜地では、RC基壇の下層と、独立した上層部という住宅タイプが多く、敷地周辺も同様の住宅に囲まれていた。RC基壇は駐車場となり、上部とは隔絶されることが多い。

床下に眠っていた基礎空間（ピット）
改修前建物は、もともと若者向けシェアハウスだった。そのため駐車場が不要で、基壇が上層の住宅の床下空間として、使われないまま残っていた。そこで、基礎のぽっかりと空いた空間（ピット）をいかにリッチに変貌させ、住まい手の趣味を溜め込む洞的な場所とするかを考えた。

菊名貝塚の地層へ
この敷地には、かつて海外の地質学者も注目した貝塚の歴史が眠っている。建物には、引き継ぐ「古さ」もないし、将来に耐える「新しさ」もなかった。「古くも新しくもないものをいかに継承するか」に直面して、私たちは、既存のタイポロジーのネガティブさを、最大限ポジティブさに変換する操作に集中し、床下の基礎空間を掘り起こした。

時間と空間のスケールを伸び縮みさせながら暮らしてみる
この場所への寄り添い方を、時間と空間の双方の距離感を縮めたり伸ばしたりさせながら模索する。この土地では数cm掘り起こしただけで数万年前の貝が今の時代に顔を出す。既存の住宅をつくっている工業製品と、その足元で眠っている貝塚の歴史が、時間のスケールを超えて基礎空間を介して交錯する。ガーデンピットでは貝塚の土で菜園し、隣のキッチンピットで調理された食物を頂く。先人が生活していたこの場所に同じように生活をしているという感覚は、この掘り起こされたピット空間が可能にしてくれる。

遠くに富士山を望むこの台地で、上下に移動しながら、遥かなる時間のスケールと、空と大地との間の空間のスケールを近づけたり遠ざけたりしながら暮らしていけたらと思う。

改修前・床下実測
床下に潜り、基礎空間を実測

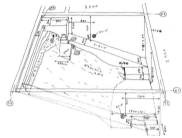 **101** 最も床下が深かった最北部。ガラ状のコンクリートや、バカ打ちが多く、複雑な形状をしていた

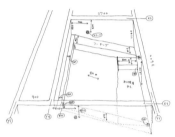 **102** フラットな土間基礎面があり、比較的深い。給排水配管のスリーブが基礎を貫通していた

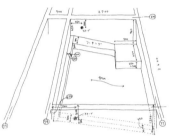 **103** 共用スペースと103はほとんど同様の床下基礎空間。なだらかなスロープ状の土間コンクリート

改修計画
基礎形状をもとに、床・家具を設えて、床下をリッチに

 『床下をゲストルームに』

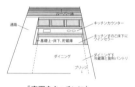 『床下をキッチンに』

 『床下をガーデンに』

各ピットの断面計画
ピットに諸機能が収められる
床上閉の壁が取り払われ、
ひとつながりの長大空間となる

 ゲストルームピット

 キッチンピット

 ガーデンピット

既存建物床下

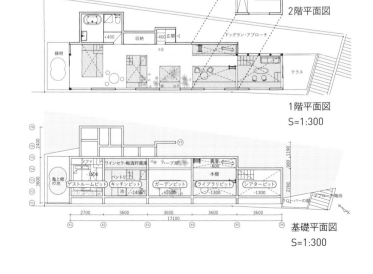
2階平面図
1階平面図 S=1:300
基礎平面図 S=1:300

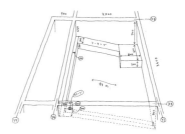
共用スペース

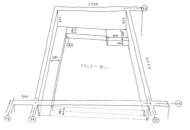
105 前面道路のレベルが一番高く、そのため床下ピットが浅い。南のテラスと距離が近い。床下はほぼフラット

『床下をライブラリに』

『床下をシアターに』

ライブラリピット

シアターピット

アトリエコ

塩崎太伸　Taishin Shiozaki
- 1976　山口県生まれ
- 2009　東京工業大学大学院博士後期課程修了 博士(工学)
- 2015-　アトリエコ共同主宰
- 2016-　東京工業大学准教授

小林佐絵子　Saeko Kobayashi
- 1977　岡山県生まれ
- 2011　東京理科大学卒業
- 遠藤克彦建築研究所、ゼロワンオフィスを経て
- 2015-　アトリエコ共同主宰

設計協力
東京工業大学塩崎研究室

構造設計協力
松井良太

協力
釜谷 潤、加藤千佳、櫻井明日佳、田中 勝、前田佳乃、岩下昂平、中沢思佳、中村 健、早田大喜、廣瀬雄士郎、長島潤美、福田裕一朗、斉藤美沙、田村俊祐、原 将貴

写真記録
鈴木淳平

用途
個人住宅

所在地
神奈川県横浜市

主構造形式
木造

主要仕上
外部
屋根・壁：ガルバリウム鋼板
内部
天井：ラワン合板 t5.5
壁：ラワン合板 t5.5 他
床：フレキシブルボード t6、タイルカーペット t6、フローリング t15 他

敷地面積
124.49 m²

建築面積
70.90 m²

延床面積
92.00 m²

工事予定期間
2016年12月〜2019年12月
(現在解体中)

模型　S=1:50　Photo ©坂下智広

ダイアグラム

フレーム：S（4.5mスパン）

フレーム：M（6.0mスパン）

フレーム：L（10.5mスパン）

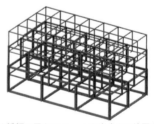

3種類の異なるフレームを嵌合させ積層する

D鉄工所のオフィス

塚田修大
塚田修大建築設計事務所

オフィスのためのニュートラルな空間、その価値観を突き詰めると最終的には無柱空間となる。無柱空間でなくても、意識としてはフレームは存在せず、インテリアが施され初めてオフィス空間となる。これがフレームとインテリアが分離して流通する状況を生んでいる。ここで、極めて単純な問いがある。フレーム自体でオフィス空間はできないのか。本来、フレームは制約ではない。柱はレイアウトの手がかりとなり、グリッドが補助線となり、スパンが人の集合の仕方と居心地を誘導する。ニュートラルは絶対的でなく、その度合いをフレームによってコントロールできるのだ。ニュートラルを極大に集約するのではなく、場所ごとに丁寧にデザインするようなオフィスをつくれないか。この計画において、要求室は食堂からCAD室までにわたり、人の集合の仕方、滞在時間が一様でなかった。整理すると3つのグループにまとめられることがわかった。それに3種類のフレームを対応させ、そのまま直截的に積層させた。鉄工所の建物なので、効率的にも表現的にも鉄骨造を選択した。スパンの異なるフレームの積層は、上下階を嵌合させフィーレンディール層を設けることで構造的に解いている。この部分をサーバントスペースに利用することで、上下階は緩やかにつながり、全体としてグラデーショナルな関係性をつくり出している。オフィス空間不要論さえ謳われるこの時代に、フレームを取り扱うこの古臭い方法が、物理的なオフィス空間、即ち建築空間をつくる理由を考えるきっかけとなればうれしい。

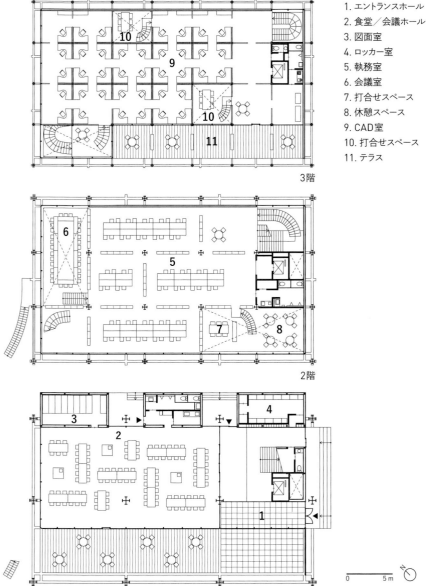

1. エントランスホール
2. 食堂／会議ホール
3. 図面室
4. ロッカー室
5. 執務室
6. 会議室
7. 打合せスペース
8. 休憩スペース
9. CAD室
10. 打合せスペース
11. テラス

各階平面図 S=1:400

スパンについて─点・線・面

スパンの大きさはグリッド内の集合の仕方を決定し、同時に空間における柱の意味をも変える。10.5mのスパンでは、柱は点的に認識され、空間の起点となるような役割を果たす。6mのスパンでは、柱はその連なりが作る線として認識され、補助線的に空間を分節する手がかりとなる。4.5mのスパンでは、柱は4本が囲む面（エリア）として認識され、空間単位をより明確にする。これらの空間特性に沿って、フレーム、造作要素、什器によって各階をデザインした

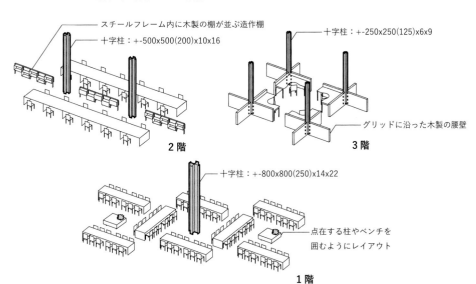

塚田修大　Nobuhiro Tsukada
1969　千葉県生まれ
早稲田大学大学院修士課程修了、
コロンビア大学大学院修士課程修了
伊東豊雄建築設計事務所を経て
2001- 塚田修大建築設計事務所主宰

設計協力
山田健太朗*、大浦真実、國分元太
（以上、塚田修大建築設計事務所）
*元所員

構造設計協力
大野博史、藤田竜平（以上、オーノJAPAN）

設備設計協力
南井克夫、平井孝典、川村 光
（以上、環境エンジニアリング）

展示制作協力
瀬沼ゆかり、小野杏花、伊藤昌志、
髙橋遼平、勝部直人、木村 透

模型製作協力
かねよし

用途
事務所

所在地
千葉県富津市

主構造形式
鉄骨造

主要仕上
外部
屋根：シート防水
壁：押出成形セメント板、ガルバリウム鋼板
内部
天井：木毛セメント板、PB
壁：木毛セメント板、PB、ファインフロア
床：タイルカーペット、フローリング、
コンクリート

敷地面積
4,183.00 m²

建築面積
574.90 m²

延床面積
1,361.82 m²

工事予定期間
2019年2月〜9月

ぶらさがり住居

中川 純＋池原靖史＋満田衛資

都市生活は元来あらゆる仮想のうえに成り立っていて、よく出来たシステムにぶらさがっているに過ぎない。クライアントはそうした深い自覚のうえで、都市部から程近い里山に移住を決めた。

生活を始める最低限のシェルターと自分たちで増築するためのシステムが欲しいという要望に対し、私たちは先行してつくる鉄骨フレームに木造ユニットがぶらさがる住まいを提案したが、そのときハタとクライアントの移住の意図を理解し、このプロジェクトを仮に「ぶらさがり住居」と名付けることにした。それ以後は「私たちは何にぶらさがっているのか?」「ぶらさがったからこそできることは何か?」と度々自問自答することになった。

「ぶらさがり」には、現実に対する「クリティーク」と別の現実を志向する「ヴィジョン」の往還へと誘う引力があるらしい。そこでこの力を借りて、クライアントの「思想」にかたちある輪郭を与えようと考えた。

最初は、風景／都市機能／専門性にぶらさがる。それらを仮の足がかりとして建築のあるべき姿を模索した。1から積み上げるのではなく、100の現実にぶらさがりながら新たな豊かさに向かって降りていく「反転した開拓の方法」ならば、住宅というビルディングタイプにも切実さを取り戻せるのではないだろうか。

建築がクライアントの手に渡った後も「ぶらさがり」は連鎖をやめない。日々の模索はやがて土地に根を張り、新しい生活像が「思想」として立ち現れるだろう。

Photos ©Takeshi YAMAGISHI

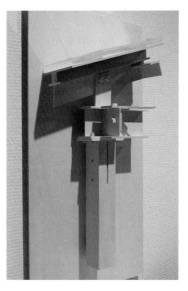

接合部模型

中川 純　Jun Nakagawa	池原靖史　Yasushi Ikehara	満田衛資　Eisuke Mitsuda
1976 神奈川県生まれ 難波和彦＋界工作舎を経て 2006- レビ設計室主宰 2016- 早稲田大学大学院博士後期課程 2017- 中川純＋池原靖史設計室共同主宰	1983 愛知県生まれ 2009 早稲田大学大学院修士課程修了 内藤廣建築設計事務所、 安藤忠雄建築研究所を経て 2015- 池原靖史建築設計事務所主宰 2017- 中川純＋池原靖史設計室共同主宰	1972 京都府生まれ 佐々木睦朗構造計画研究所を経て 2006- 満田衛資構造計画研究所主宰 2014 京都大学大学院博士後期課程修了 博士（工学） 2018- 京都工芸繊維大学教授

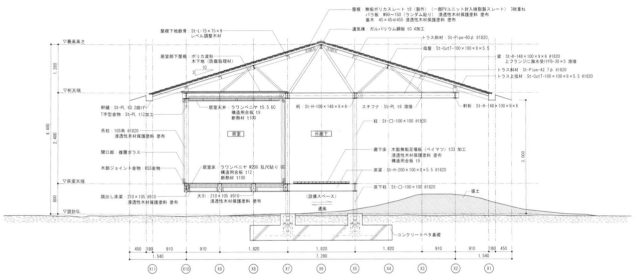

断面図　S=1:100

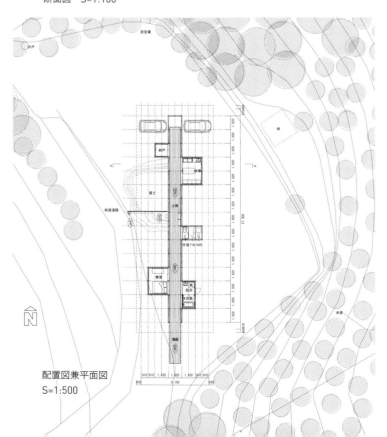

配置図兼平面図　S=1:500

建築計画
遠田 敦(日本大学専任講師)、
遠田真世(諧○亭)
建築設計
中川 純(レビ設計室、早稲田大学大学院、
中川純+池原靖史設計室)、
池原靖史(池原靖史建築設計事務所、
中川純+池原靖史設計室)
構造設計
満田衛資(満田衛資構造計画研究所、
京都工芸繊維大学教授)
環境設計
中川 純(同上)
設計協力
冨山正幸(中川純+池原靖史設計室)、
深和佑太(首都大学東京大学院)、
太田周作(満田衛資構造計画研究所)
展示制作協力
諏佐遙也(ZOUZUO MODEL)、
佐藤 剛(ニュウファニチャーワークス)、
吉川伊織、鈴木 新(以上、早稲田大学)
川和田百郁、齋藤 静(以上、日本大学)
プレゼンテーション制作協力
池原美穂子(池原靖史建築設計事務所)、
野元彬久、菅野颯馬、高橋好斗
(以上、早稲田大学大学院)

用途
住宅+SOHO
建設予定地
千葉県長生郡睦沢町(都市計画区域外)
主構造形式
混構造(1期 鉄骨造、2期 木造)
主要仕上
[外部]屋根:無垢ポリカスレート+
　　　　　PVスレート 混合葺き
　　　壁:杉板張り 木材保護塗料3回塗り
[内部]天井:ラワンベニヤ　UC
　　　壁:ラワンベニヤ　UC
　　　床:杉足場板 木材保護塗料3回塗り、
　　　　　ラワンベニヤ　UC
敷地面積
3,351.87 m²
建築面積
234.25 m²
延床面積
24.84 m²
工事予定期間
1期　2018年10月～2019年1月
2期　2019年2月～

エトランゼの庭

西倉美祝＋石原隆裕＋中村義人
MinoryArts

この計画は、3種類の主体の関係をデザインするプロジェクトである。

1つ目の主体はこの敷地に住む施主家族、2つ目は施主への来客、3つ目は新たに建設される賃貸住宅の住人。彼らは生活スタイルも考え方もまったく異なる他者＝「エトランゼ」たちであり、お互いを完全には理解できないが、同じ場所を共有する集団である。

敷地の広々とした雰囲気を残しながら、エトランゼたちが自身の領域をしっかり認識できる計画という施主要望を踏まえ、単に領域を壁で区切るのでなく、場所や対象に名前を与え、そこでの過ごし方を想起させる「世界観」を複数並行してつくることで彼らの関係性を考えた。

例えば「島」は、島状に敷地内に散在したコンクリートの床だ。駐車場か庭か、もしくは誰と誰がどう使うのかによって形状や表面の仕上げ方が異なり、人びとは各々のしたい活動に適した島を選択し、自由に渡り歩く。

一方「境」と名付けられた塀や柵、建具は、仕上げや高さ・遮蔽度等を、境の表と裏で別々にデザインすることで、3主体それぞれに適した敷地の広がりや囲われ具合・安心感を演出する。

これらいくつもの世界観がひとつの場所で並行して存在することで、エトランゼ同士が「ある世界観では場所を共有できなくても、別の世界観では共有できる」という柔軟な共存の姿をつくるだろう。

既存の制度を相対化し、より確かな世界観を複数並行して思考することこそ、建築が社会に提示する知性だと考えている。

アパートゾーンから土間ゾーンを見る
アパートゾーンは大谷石の塀とアパートによって囲われており、各住人が島の上で各々の生活を展開できる

広間から外を見る
広間は屋根Aの下がり具合によって、敷地の外周部には開き、中心部にはやや閉じた断面的な関係性をもつ

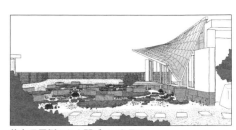

施主母屋側から土間ゾーンを見る
施主側から見ると土間ゾーンは強い境界線となるものがなく、敷地外周まで庭が続いているように見える

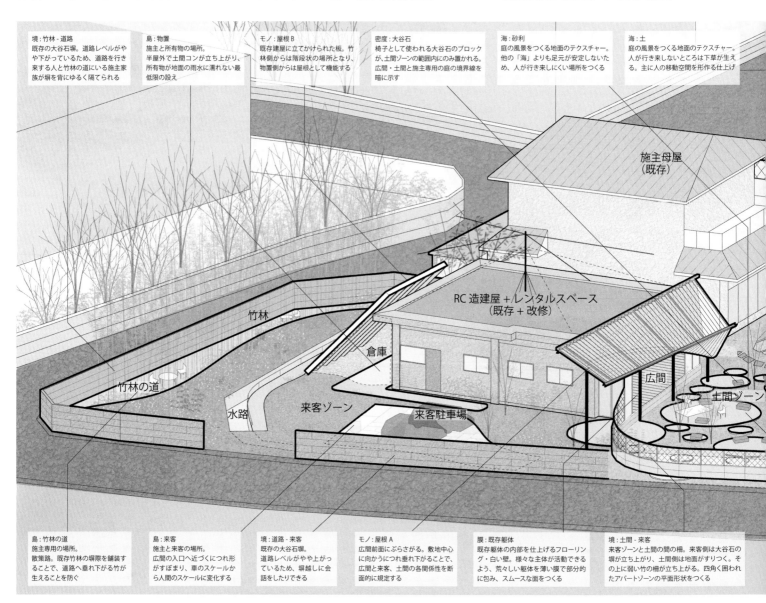

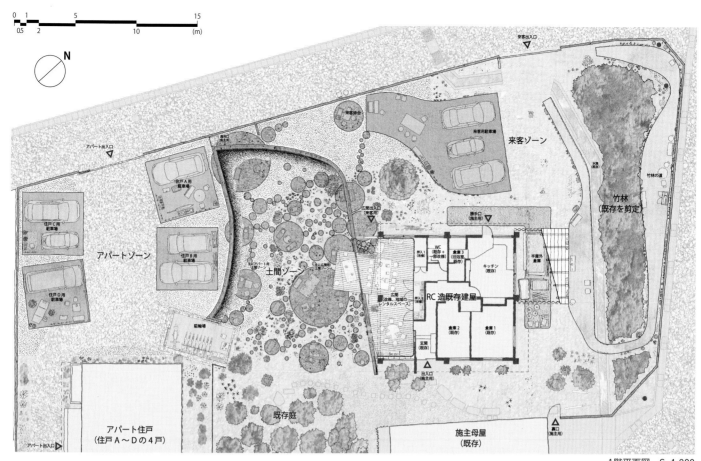

1階平面図　S=1:300

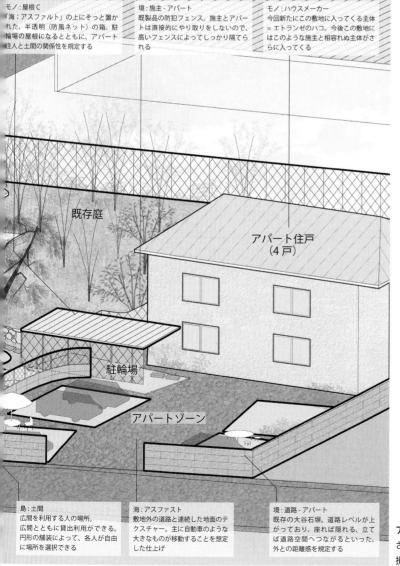

モノ：屋根C
「海：アスファルト」の上にそっと置かれた、半透明（防風ネット）の箱。駐輪場の屋根になるとともに、アパート住人と土間の関係性を規定する

境：施主-アパート
既製品の防犯フェンス。施主とアパートは直接的にやり取りをしないので、高いフェンスによってしっかり隔てられる

モノ：ハウスメーカー
今回新たにこの敷地に入ってくる主体＝エトランゼのハコ。今後この敷地にはこのような施主と相容れぬ主体がさらに入ってくる

島：土間
広間を利用する人の場所。広間とともに貸出利用ができる。円形の舗装によって、各人が自由に場所を選択できる

海：アスファルト
敷地外の道路と連続した地面のテクスチャー。主に自動車のような大きなものが移動することを想定した仕上げ

境：道路-アパート
既存の大谷石塀。道路レベルが上がっており、座れば隠れる、立てば道路空間へつながるといった、外との距離感を規定する

アクソメ図
さまざまな建築的意図（世界観）がお互いを損なわずに敷地全体に広がっている

MinoryArts

西倉美祝　Minori Nishikura
1988　千葉県生まれ
2014　東京大学大学院修士課程修了
　　　坂茂建築設計事務所を経て
2017-　MinoryArts主宰

石原隆裕　Takahiro Ishihara
1988　山梨県生まれ
2014　東京大学大学院修士課程修了
2014-　山下設計

中村義人　Yoshito Nakamura
1989　栃木県生まれ
2013　東京工業大学大学院
　　　修士課程修了
2013-　KAJIMA DESIGN

構造設計協力
古市渉平（佐藤淳構造設計事務所）

土地運用企画
熊坂友輝

資産運用相談
星田仁史

用途
個人住宅（離れ+外構）

建設予定地
山梨県甲府市

主構造形式
鉄骨造+木造、既存躯体RC造

主要仕上
外部
屋根：カラーガルバリウム鋼板
壁：耐候性塗装（既存部）、
　　木製建具（増築部）
内部
天井：RC躯体現し
壁：白漆喰左官仕上げ
床：フローリング（広間部）、
　　モルタル金ごて押え（タタキ部）

敷地面積
2,320 m² (うち今回工事範囲1,380 m²)

建築面積
125 m²（今回工事対象部）

延床面積
120 m²（同上）
上記のうち、1期工事増築面積 9.5 m²

工事予定期間
2019年2月～6月

木更津の農場劇場

藤原徹平
フジワラテッペイアーキテクツラボ

千葉県木更津市に位置する30haの農場に建つ多機能の建築。シカやイノシシの狩猟解体処理場、加工工場、水牛の酪農場、滞在拠点など、農場内外で複数の計画が平行して進行している。農や食に関わる大きな循環ができあがっていくなかで、この建築はそれらの活動が集まる中心的な役割を期待されている。

滞在者にとっては住まいの一部であり、生産者にとっては生産の場であり、訪問者にとっては農場での多様な活動を五感で味わう場であり、多様な主体による活動がさまざまな時間単位のうえで変化しながら現れていく、その表現の場としての劇場である。

C字状に路地を内包する、しかし路地はまたぐ
農場内には東西方向に強い卓越風があるので、C字状の中庭型配置計画を原型とし、中庭は路地のような親密なスケールとしている。中庭路地は屋根を越えて南北に農場内の道のシークエンスをつなぐ。

多正面性をもつ建築、しかしまとまりもつくる
農場の主たる動線に対してそれぞれ正面性と溜まりをもつように計画をする。しかしCの字の平面に対して、生産の場を中央に置き全体を支え、両端が多目的な活動の場となるようなゾーニングとする。

放射状の平面。接木を受けとめる建築
放射状に平面を計画する。どの方向に対しても接木的に増築が可能である。

多言語の建築
複数の建築が集合したような外観デザインだが、立体解析による構造最適化を行い、力が合理的に流れていくように全体の形状を決定する。建築のずれはむしろ力の流れを伝達するエレメントとなり、「ずれ」が集まり有機的な全体がつくられる。

藤原徹平　Teppei Fujiwara
- 1975　神奈川県生まれ
- 2001　横浜国立大学大学院
　　　　修士課程修了
- 隈研吾建築都市設計事務所を経て
- 2009-　フジワラテッペイアーキテクツラボ主宰
- 2012-　横浜国立大学大学院Y-GSA准教授

敷地全景航空写真

多言語の建築

力を流す構造フレーム

アーキファニチャー

流れる力を受ける耐震壁

地形

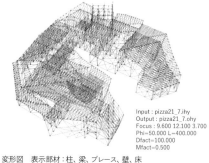

変形図　表示部材：柱、梁、ブレース、壁、床

屋根面剛性を伝える形状の検討　ズレながらつながる架構

1. ホール
2. バルコニースペース
3. オープンキッチン
4. ショップ1（直売所）
5. テラス1
6. パン工房
7. サンドイッチルーム
8. 製粉室
9. バックヤード
10. ショップ2（出来たてソフトクリーム）
11. バックキッチン
12. 倉庫
13. コートヤード
14. テラス2
15. レストペース（WC）

平面図　S=1:400

C字状に路地を建築が内包する、しかし路地は建築をまたぐ

多正面性をもつ建築、しかしまとまりもつくる

放射状の平面、接木を受けとめる建築

構造計画

建物の中で遠い両端部に耐震壁を集めた部分と、なるべく壁をとらずに大きながらんどうの気積をもたせている中心部、というように大きく2つの部位にわけて構造を計画している。このときスラブの面剛性で耐震壁に地震力を伝えるだけでなく垂壁や欄間などを利用したラーメン構造を効かせて、面剛性の負担を減らしている。柱梁のフレームをずらし、ずれたところに斜材を追加しトラス状の構造要素とすることで、面剛性を補う効果も見込んでいる。こうして柱・梁を小径材で実現するように計画している。

設計協力
岩井一也、中村駿太、平野優太
（以上、フジワラテッペイアーキテクツラボ）

構造設計協力
佐藤淳構造設計事務所

照明計画協力
岡安泉照明設計事務所

展示制作協力
渡辺瑞帆、周 懿行、川本 稜、野村來未、加藤麻帆、大橋弘明、浜本雄也、木原葉子、白鳥翔太、番場 崇

用途
工場、店舗、飲食店、作業所

建設予定地
千葉県木更津市

主構造形式
在来木造

主要仕上
外部
屋根：天然スレート、砂付アスファルト、
　　　板金、複層ポリカーボネイト
壁：左官土壁、金属パネル、
　　複層ポリカーボネイト、ガラス
内部
床：三和土、木板、塗床

敷地面積
30 ha

建築面積
442.013 m²

延床面積
438.309 m²

工事予定期間
2018年9月～2019年4月

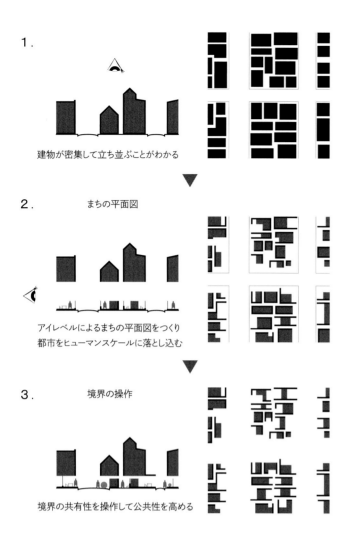

1. 建物が密集して立ち並ぶことがわかる

2. まちの平面図
アイレベルによるまちの平面図をつくり都市をヒューマンスケールに落とし込む

3. 境界の操作
境界の共有性を操作して公共性を高める

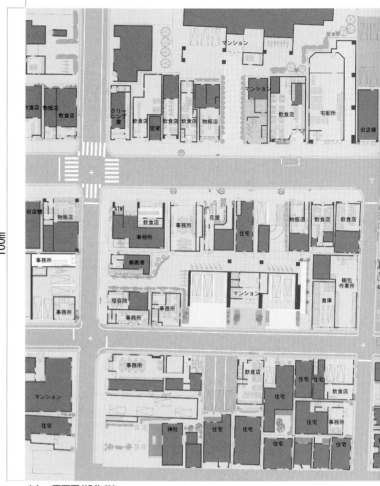

まちの平面図（操作前）

① 半屋外空間を開放して床の仕上げを一体化する

② セットバックする開口部と一体となって新たな居場所を形成する

③ 商品を移動して歩道と一体的に店を運営する

④ 境界にある植栽を路側帯へ移動して建物と植栽の間に通路をつくる

境界のパブリシティ

山田智彦＋廣瀬哲史＋森本清史＋田端由香
スタジオバッテリー

地図を見ると、その場所を想像してそこへ行きたいと思う。敷地は東京都文京区本郷、東京らしく小さな建物から大きな建物まで密集して立ち並ぶ。商店街なのか、オフィス街なのか、それとも、住宅地なのか、さまざまな顔をもつまちである。このまちの魅力がどこにあるのか現状認識するために、普通の地図では表現できないアイレベルによる「まちの平面図」を作成しようと考えた。平面図の中に人びとによるまちの使い方を表現し、都市をヒューマンスケールに落とし込んだ。ここで、私たちは「境界を共有する使い方」に着目した。境界上に置かれる植栽、境界上に発生する通路、歩道に並ぶ商品、道路に跳ね出す庇、積み重なった年月と共に境界はまちの人びとの工夫が溢れる場所となっている。これらの「境界を操作」してまちの環境形成を再構築できないかと計画した。道路や公園などの公共空間を仕掛けて都市空間を演出するのではなく、まち中にある既存の境界の操作によって人びとの居場所を広げて"小さな場所から都市空間へアプローチ"することは、まちなみの歴史を壊さず環境形成を図る手段だと考えた。

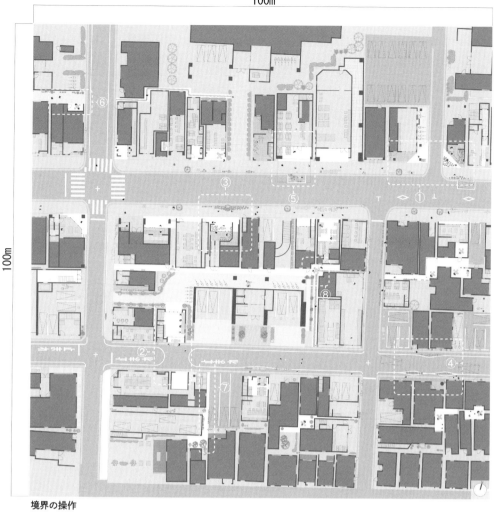

100m

スタジオバッテリー
山田智彦　Tomohiko Yamada
　1978　神奈川県生まれ
　2008　スタジオバッテリー設立
廣瀬哲史　Satoshi Hirose
　1979　三重県生まれ
　2011-　スタジオバッテリー
森本清史　Kiyoshi Morimoto
　1992　群馬県生まれ
　2017-　スタジオバッテリー
田端由香　Yukiyoshi Tabata
　1992　埼玉県生まれ
　2018-　スタジオバッテリー

展示制作協力
林 菜実、木村拓登、高橋将人、
上野直哉、宮澤 航、和賀一弥、
澤田恒希、大橋勇介、保積潤一
用途
まちづくり
所在地
東京都文京区本郷二丁目
主構造形式
それぞれの提案部分による
主要仕上
それぞれの提案部分による
敷地面積　1 ha
建築面積　1 ha
延床面積　1 ha
工事予定期間
2018年4月〜 2027年3月

境界の操作

民地を公共的に使用することで道路占有許可と代替する調整を行う

敷地境界上の植栽を整理して使用していない空間を活用する

通路を整備して奥へつながる新たな裏路地をつくる

店舗のバックヤードの一部を活用して居場所をつくる

境界の操作

① 外壁境界を共有する半屋外空間
② 内と外の境界を共有する開口部
③ 道路境界を共有する商品
④ 道路境界を共有する植栽
⑤ 道路境界を共有するオーニング
⑥ 敷地境界を共有する植栽
⑦ 敷地境界を共有する通路
⑧ 敷地境界を共有する隙間

境界のようす

① 半屋外空間に通過性を与える
② 開口部をセットバックして居場所をつくる
③ 建物と商品の間に居場所をつくる
④ 路側帯を変形して植栽を置く
⑤ 道路占有と民地を代替する
⑥ 植栽を移動して居場所を広げる
⑦ 通路を奥までつなぐ
⑧ 隙間を広げて居場所をつくる

審査評

[審査員]
千葉 学、江尻憲泰、平田晃久

まれびとの家
秋吉浩気
[P.030]

江尻 伝統的な嵌合のシステムを現代的なNC加工を用いてつくる組立て方が面白いです。嵌合のさせ方も展示してあり、緩くなってしまうところには楔を打ち込んで固めている。よく考えられています。

平田 一次審査では2面を閉じて小口方向が開いているような形状で、敷地周辺の杉のシルエットと呼応するような、合掌造りのような感じがいいと思ったのですが、今回、ボリュームっぽいかたちになっていて、風景との対応が重たくなってしまった印象を受けました。

千葉 ええ。屋根を差し掛けているだけのような軽やかさがあったけれども、二次では寄棟で平入りになり、結果的に建物を閉鎖的にしている印象が強まりました。

江尻 実現性を求めて構造がしっかりし過ぎてしまったのでしょうか。

平田 それと屋根の杉皮は水切りなしで収められませんかね。そうするとシャープで野生的な不思議なボリュームの屋根ができると思うのですが。

江尻 構造体の杉板に防水を施してから杉皮を張ると描かれていたので、防水の仕方を考えれば水切りなしでもできるはず。

千葉 これだけ急勾配の屋根なので、防水なしで成り立たせることもできそうな気がしますよね。

江尻 そうですね。ただし、杉皮を重ねると腐食の問題が出てきそうですね。

平田 そこで粘ってほしかった。ただ、一次審査と二次審査で見たように、同じようなシステムでも、まったく違う形態が可能だという点は面白いですね。ひとつのフィールドを発見したような気持ちになります。

臨沂街(リンイージエ)の住宅
佐野健太
[P.036]

千葉 台湾の都市型住宅は気候のわりにあまり中間領域がなく、それを積極的につくっていこうとする姿勢には共感します。またバルコニーの前にさまざまな意匠を施したフェンスのようなものが取り付いたまちなみが特徴的で、このプロジェクトはその伝統に通じる試みとしても読み取ることができ、新しい展開として面白いと思いました。

平田 端整な住宅で、気持ちよさそうな空間をつくれている点はいいと思ったのですが、建物外周の縁側のような空間が積極的に使われていない点は少し残念です。台湾で集合住宅をつくった経験から、中間領域的な空間やそこでの生活の仕方が失われつつあるなか、昔の生活の延長線上に新しい生活の仕方をうまく提案することが必要だと思っているので、考えている方向性には共感します。

千葉 この中間領域の使い方にあまりバリエーションがないですよね。内側の建物が閉鎖的で、中間領域があまり活きていない気がします。敷地を見ると周りに余裕がありますし、それぞれの面で中間領域の出寸法を変えてもよかったと思います。

江尻 模型を見ると、内側はちょっと暗そうですよね。

平田 1.2mグリッドで鉄骨柱を並べているこの感じは、繊細な木造の雰囲気を狙っているのかなという気はしました。しかし廊下のようになってしまいそうで、果たしてその繊細さが必要なのかどうかが気になりました。もう少し構造が無骨になったとしても、外と混じり合うような生活のあり方の提案ができるのではないでしょうか。

江尻 2.4mグリッドぐらいでも、構造的には十分です。

朝倉賞 山王のオフィス
栗原健太郎+岩月美穂
[P.021]

平田 見れば見るほど「本当に合理的なのか?」と気になったのですが、構造的な合理性ではなく、すべては曲面による空間をつくるためだという動機が分かって、共感し、面白いと思った提案です。

江尻 集成材をたわませてテンションをかけ、懸垂曲線をつくった状態の屋根は、構造的に合理的ではないのだけれど、構造として成立させるために一所懸命、最適化しています。木にこのようにテンションをかけるという視点が新しいですね。

千葉 単純に湾曲させた屋根が、1階では外周部が跳ね上がっていて開放的で、屋根の上では包まれたような空間を生み出していて、それをひとつの構造のあり方だけで解こうとしている点も面白い。ただ、隣地側を壁で閉じてしまっている点が、ちょっともったいないなと思いました。

江尻 これまでも懸垂曲面の屋根はありましたが、屋根の上まで利用した、なかなか面白い空間になっていると思います。また、行政に問いかけをするような提案にも感じましたし、頭のなかで考えるだけではなく自分たちで実験し実証している点は、やはり評価したい。

平田 家具とテンション材である柱の関係が、配置を不自由にしていないかどうかが少し気になりました。形態的には新しいとはいいがたいですが、つくり方や構法レベルの考え方によって、同じ形でも違って見えてくるというか、そういった面白さを発見していると感じます。ちなみに、万が一火災が起きた場合でも大丈夫なのですよね?

江尻 普通の木造と同じです。テンションがなくなったからといって、一気に壊れるものではありません。

ヤギのいる庭
香川翔勲+佐倉弘祐+髙木秀太+藤井章弘+筒井 伸
[P.032]

千葉 敷地周辺で手に入る竹で、庭をつくるように建築をつくっていくというアプローチにはとても共感するけれど、屋外での竹の耐久性はどのように考えているのか——そう質問を投げかけたところ、展覧会の段階では、柱が普通の丸竹になってしまった。それが惜しかった気がします。竹をどんどん循環させて、いつもどこかで手入れをして成り立っているくらいの計画にしてもよかったのではないかと思いました。

江尻 千葉さんのおっしゃるように、一次審査の提案の方が面白かったですね。金物を工夫しているようですが、丸竹ならば竹だけでつくれます。使用できる竹の径が小さいため当初の提案にあったように十字には割れないという説明がありましたが、伝統的な竹割の道具があり、それを使っている動画が展示されていました。つまり簡単に竹を割る方法があると分かりながら、割ることをやめているんですね。

平田 あるアイデアをリアルに成立させるためにはしつこさが必要だと思います。この案ももう少ししつこくてよかったんじゃないかと個人的には思います。

江尻 そうですよね。あっさり引いてしまった。竹の縛り方も地方によっていろいろとあるので、そういった事例も調べて、もうちょっとしつこく設計を練り上げていくとよかったと思います。

平田 誰でもつくれるものとして提案をする場合、ひとりでにあるクオリティが確保されるようなつくり方を考えることが重要だと思います。モダンなシステムと拮抗しながら、素材との関係ができているところまでいけたらよかったと思いますが、素朴な方に振り過ぎてしまった印象ですね。

ぶらさがり住居
中川 純+池原靖史+満田衛資
[P.042]

江尻 エンジンルームがありますが、インフラはないのですかね。

平田 太陽光発電のモデュールが展示されていましたね。影の位置に反応して効率よくモデュールを接続するプログラムを開発し、それで制御するということでしたが、すべて接続すれば容易に最大発電量を賄えるのではないでしょうか。

千葉 都市では住宅はいろいろなインフラに接続され、何らかのかたちで拘束されて生きているのに対して、里山にはそうではない住まい方があるということを示そうとしているのだと一次の時点では理解していました。だから基礎やインフラ、設備なども最小限にして、あとは地面を限りなくそのままの状態に残すのが狙いなのだと、勝手に解釈していたところがあります。ところが、断面図を見ると思いのほか基礎が大きい。基礎が大きくてもいいならこのやじろべえ的な形式にする必要があったのか、よく分からなくなってしまいました。

平田 もっと細長い基礎で構造的に成立させられないのでしょうか。

江尻 下に深くすれば、できると思います。

平田 この薄い屋根が田園風景のなかにすっと立っている姿は単純に格好いいと思いました。ただ、その格好よさとは別に、いろいろな話が「ぶらさがり」という言葉に、ぶらさがり過ぎているのではないでしょうか。「ぶらさがり」の意味とその意義を尋ねたところ、「ぶらさがり」という言葉にはイメージ喚起力があり、いまの社会に対して批評性をもつのだと答えてくれましたが、ちょっと言葉に引っ張られ過ぎているのじゃないかという気がしましたね。

菊名貝塚の住宅—基礎に住む
塩崎太伸+小林佐絵子
[P.038]

千葉 斜面地に住宅を建てると、かなりのボリュームが基礎と擁壁に割かれます。それを再利用するという狙いがいいなと思ったのですが、できあがった空間は地下ピットを開けたときに撮った写真がもっているほどの荒々しさがあまり感じられないように思えました。基礎という、仕上げを想定しないでつくったものだからこその質感や、土に近いがゆえの湿り気など、基礎を使うといろいろな要素が入り込んでくると思います。しかしパースからは意外ときれいにつくろうとしているように見えて、ちょっともったいないなと思っています。

平田 基礎が斜面に対して滑りそうでありながらぺたっと不時着している感じがそのまま見えているようなダイナミズムがあって、プロジェクトのスタート地点の目の付けどころはすごくいいと思いました。意外なところに異質なモノとの接点を見出した発見に、はっとさせられるところがある。ただ、その接点が小さい坪庭的なピットに限定されてしまっているのがもったいない。空間全体に活きてくると、すごいことになるだろうなと思います。

江尻 貝塚の上にいる、そしてその地層を見ながら生活をするというのは、住み手にとっては感慨深いでしょうね。

平田 貝塚の地層と、改修前に立っていた住宅の基礎、そして今回そこに加えられたものの少なくとも3つの層がここでぶつかり合っているわけですが、後者の2つのぶつかりが、意外と差異がなく見えている感じがします。もっとぶつけて、3つが共存している強さが出せないかなど、いろいろなことを考えさせられました。

境界のパブリシティ
山田智彦+廣瀬哲史+森本清史+田端由香
[P.048]

平田 タクティカルアーバニズム的なものを、もう少し建築に近いところにもってくるという構想の大きな方向性には共感します。ですが、すべてが実現したあとの状態を提示するだけではなく、そういうことを起こすためのプロセスのなかで、どういう投げ掛けがあり、どんなことが連鎖的に起きていくのかという戦略やシナリオが、もうちょっと具体的に示されていてほしかったですね。

江尻 実現するためのスキームづくりはとても重要ですよね。どこの誰にどう頼んだら動いていくのかということを、きちんと確かめながらやっていかないといけませんから。

千葉 土地のもっている境界をもう一度問い直すというテーマは、特に日本や東京のような場所ではこれまでもあちこちで語られてきました。それを実践しているということに、とても興味をもったんですけれど……。実際の空間的仕掛けやイベントの仕方も含めて実践したものがあり、それがフィードバックされ、次の戦略づくりにつながっている循環に期待していましたが、そのあたりはあまり感じられませんでした。

平田 人が入り込めるような隙間は、実際、道路に面していろいろなかたちであるのだけれども、それ以上、人が入ってはいけないという意識のなかの制度のために、誰もそこにまとわりつこうとしない。その状況を打破するためには、見る側の視点と住んでいる側の視点の両方を変えていく長期的な戦略が必要です。もうちょっと突っ込めば、可能性はもっていると思います。

エトランゼの庭
西倉美祝+石原隆裕+中村義人
[P.044]

江尻 雨樋のようなかたちの鉄骨屋根が、一次審査のときと比べて上に持ち上げられて人が通れる高さに変わっていましたね。以前の案と似ていながら、よりノーマルな提案になってしまったように感じます。

千葉 差し掛け屋根が掛かったようなものになってしまいましたね。

平田 一次審査では、「庭」という考え方と、この建物の端にある屋根との振舞いが関わり合って、建物も含めて庭のようになっている構成力を感じたのですが、模型からは庭の魅力がちょっと分かりませんでした。建物の微細なかたちも、人の身体との関係に対して遠ざかる方向に単純化されてしまった。そこをきちっと詰めていかないと面白さが見えてこない感じはしますよね。

千葉 水がどう流れてくるか、そしてどう集まり、どんなふうに庭のなかを伝わっていくのかという、ある種の自然現象まで含めたものが建築に影響を及ぼしている可能性があるのではないかと一次の時点では期待していた部分があるのですが、二次ではかなりドライに建築の増築をしているように見えてしまいました。

平田 それから一次審査のときにやや疑問に思った矩計ですが、二次での展示を見ると既存部分と増築する屋根の接合部が完全に閉じてしまっていました。気持ちは分かります。しかし、多少、突っ込みが入ることが予想されたとしても、最初の気持ちをそのままリアライズするためにはどうしたらいいかと粘って考えてほしかった。

江尻 ええ。粘り強さが見えませんでしたね。

平田 「粘らない」という美学なのかもしれませんけど（笑）。

FUJI PUBLIC —物干台のような 雲のような—
坂牛 卓+宮 晶子+中川宏文+飯塚るり子+甲津多聞
[P.034]

平田 今年の入選者のなかで最年長者のグループであるにもかかわらず、最も得体の知れないエネルギーに満ちた提案でしたね（笑）。

千葉 ええ（笑）。富士山の周辺はかなり観光化されており、商業化された建物が結果的に風景を台なしにしているのですが、この提案のように、どこにでもありそうな住宅が突然、得体の知れないかたちに増殖していき富士山を眺めるのに抜群の場所となるというアプローチは面白いと思いました。

平田 まるで他の生き物の細胞を集めてつくってしまうようなところが、とても面白いような気がしましたが、模型は赤い小屋と、薄ピンクに塗られたメタリックな階段のようなタワー状の構造体の二項対立のように見えました。混在したものが最終的にひとつの形になってしまうという不思議さを出したかったのでしょうか。どこを追求したいのかに対する明確な考えが、ちょっと分からなかったです。

千葉 平田さんがおっしゃったように、材料のせいなのか構造のせいなのか、やはり「物見台」と「家」という別のものがただ合体されたように見えなくもなくて、そのあたりがどうなのか判断が難しいです。

平田 知らぬ間に、得体の知れない全体ができていくというようなことも想像しているようにも見えますし、そういう展開もありそうですよね。

江尻 現象としてどうなっていくのか興味があります。また、耐火要求や高さ制限を受けたりもするでしょうから、実際に建つのかどうかも気になります。そのあたりの詰めや、資金を誰が出すのかなどが、展示からはちょっと見えてきませんでした。

SD賞 3つ屋根の下／House OS
神谷勇机+石川翔一
[P.024]

平田 3つの敷地にまたがるものを1つに括りながら、それでも3つの建物なのだという形式的な面白さを主張し続けているようで、何のための面白さなのかと思っていたのですが、展示されていた映像で施主がかなり逞しい住み方でこの場所を横断している姿がイメージでき、それが建物の立ち方と妙にいい関係をもっているように思え、最終的には好感をもっています。

江尻 法律を逆手にとって利用していく点が興味深かったのですが、建物を3つに分けることの意味は少し疑問に思いました。

千葉 あえて敷地を越境して建築を建てることで、今までの住宅や温室のあり方が変わり、何と呼んでいいのか分からないような建物になる可能性があるとは思うのですが、例えば温室は、よくあるサンルーム的なものとあまり変わらないように見えなくもない。温室としてもっと極めてもよかったのではないか——そのあたりを、どう評価していいのか。

平田 温室と農業用倉庫は「ほとんど縁側みたいなものを、違う領域にぺたっとくっつけただけじゃないか」ということも可能でしょう。住宅が完結し過ぎている点も気になりました。けれども、よく分からない謎の領域を住まい手自ら開拓している雰囲気を映像で伝えたことにその答えを含めようとしているようにも思えて、どうも単純には切り捨てられない。ただ、やはり謎な感じは残りますよね（笑）。

千葉 可能性を感じながら、まだ自分のなかで言葉が見つからないですね（笑）。家のなかに突然よく分からないものが入りこんできて、それ自体が、家そのものを変質させているのだとしたら興味深い。

木更津の農場劇場
藤原徹平
[P.046]

千葉 楽しそうな建築ですね。のびのびと敷地に立っていて、完成したら気持ちのよい空間になりそうだと思います。

江尻 木造のラーメンで、構造的には質実剛健ですね。

平田 展示されていた土の模型を見て縄文時代の集落的なものを想起し、そういうものに近い放射的な建築の立ち方や、Cの字平面といったスキーム自体を興味深いと思う一方で、とてもランダムにも見えました。ある種の単純性を介在させた方が、原始的な感じとうまく呼応する建築になったのではないか、あるいはより自由な建築の姿があるのではないかと思いました。

千葉 小さな全体のなかにもいろいろなムラをつくり出そうとしている感じは伝わってきますね。それがどういう理屈でできているのかが、何となくつかみにくいところがありましたけど。場所に呼応して、多様な場をつくり出すなかに、システムとはいわないけれど何らかのルールがあるはずで、それが新しい建築の展開の可能性を秘めているはずです。たとえば集落全体で共有されているある原理のような、それがあるからこそ自由な展開を許容するといった類のもの。そのあたりの関係性がもうちょっと見えたら腑に落ちたのかな。

平田 「放射状に建てることで、増築もいかようにも可能だ」とありました。どういう立ち方をしているのかに建築家はいちいちこだわることなく、何とでも建てればいいのじゃないかという投げ出し方にも見えました。しかし建築家として投げ出すためには、投げ出す最後のアンカーになっている何かが重要な気がします。

奨励賞	石と屋根 小さなホテルとワイナリー

高池葉子＋尾野克矩＋草野佑＋浜田英明
[P.027]

平田 ホテルの客室棟は木造で、ある種普通につくっていますね。もし自分が設計するなら、こういう部分も頑張ってデザインしてもう少し全体の統合を図ろうなどと悩むと思うのですが、わりとあっけらかんとしている。ある意味、建築に対するこだわりを感じないというか、僕らの世代とは違うアプローチなのだなと思いました。ワイナリーの屋根の捨て型枠に石材を使うのは面白いと思いましたが、構造的には問題ないのでしょうか。

江尻 構造のシステムとしては緻密に積み上げて考えていますが、もうちょっと石について詰めてほしいですね。石に穴を開けるなどの大変な加工がありますから、もう一歩考えを引き上げないといけないと思います。石の向きもこれで本当にいいのか、強度面が気になります。ラウンジのアーチ壁も石積みの固定方法が展示からは分かりませんでした。層状に積んだ石は滑りますから、擁壁として機能させるには裏に砂利の層を設けるなど、断面を考えないといけません。

千葉 石が重要なテーマなのだけれど、その石が装飾的にも見えているあたりは少々不思議ですよね。

平田 石という素朴な材料を用いながら、近代以降の高度な技術を経ないとできないようなかたちをどうつくるかという、構法やつくり方での発見があるプロジェクトになりそうだと思います。それは建築として面白い。設計者自身がその素朴さを誘発する意図をもって構造設計者とコラボレーションしていたのかどうかまでは分からないのですが、結果として現れたもののなかにそういった面白さがあると感じました。

D鉄工所のオフィス
塚田修大
[P.040]

江尻 梁をダブルにして、フィーレンディールの効果で部材の断面寸法を抑えています。平面も立面もフィーレンディール構造でやろうとしていますね。

平田 しかも鉄工所ですから、その表現がはまり過ぎるくらいにはまった秀逸な作品ですね。

千葉 空間のスケールや使い方に応じて構造のスパンを変えていて、ある意味、素直で筋が通った提案ですし、鉄工所だからこそできるふんだんな鉄の使い方ですね。そのこと自体は、とてもいいと思うのですが、一人ひとりのスペースや大きな空間といった異なるスケールを体感できるところまで寸法の設計が行き届いているのかが、何となく見えません。4.5mのスパンって、小さいといえば小さいですがよくあるスケールともいえる。小さな骨組みですし木造的なスケールを考えたのでしょうか。もっとスケールが違っていてもよさそうな気もします。それから、フィーレンディールの床懐を通常のオフィスではなかなかできないかたちで使うのは面白いなと思ったのですが、外壁側はあまり使っていないんですよね。もっと使い方を発見的に展開できるとさらに面白かったと思います。

江尻 会議室のど真ん中に柱が出てきてしまい、使いづらそうな点が気になっています。これだけふんだんに鉄骨を使っていますから、柱を飛ばすという選択肢もあったような気がします。

平田 鉄工所の敷地をどこまで使って設計したのかが分からないのですが、もう少し大きく建てて、大スパン架構を感じる場所があってもいいのかなという気もしました。

鹿島賞	6つの小さな離れの家

武田清明
[P.018]

千葉 住宅の改修ですが、敷地にあった井戸や防空壕などを、一つひとつ丁寧に発掘しながら、そこに少しだけ建築を——小さなパビリオンのような、いろいろな種類の離れを計画することで、庭も含めて新しい環境をつくり出そうとしていますね。

江尻 普通だったら井戸や防空壕は埋めてしまい、その上に新しく建てる、となると思うのですが、それらひとつずつの利活用を考え、実現している。構造的にも、重機を使用せずに人が運べるくらいのオーダーでつくられるように鉄骨の部材をデザインしていて、手作り感があり、共感を覚えました。

千葉 ええ。時間軸も含め、地層のように重なり合ってできているところが、とても魅力的だと感じます。

平田 普通ならば、こういう敷地を前にしたら、敷地負けしてしまうでしょう。ですが庭をつくることと建築をつくることをきちんと重ね合わせている。さりげないようでいて別の可能性を広げているという意味では、すごくいい案だと思いました。

千葉 つくることと、残すことの見極めが絶妙ですよね。

平田 ただ、引っかかった点もあります。ガラスの箱的な離れによって、古いものとの対比を感じさせ、それが割とうまくいっているとは思うものの、新しくつくる離れの空間すべてがガラス張りでいいのかということです。例えば、読書する空間は本棚が箱の外から見える感じはフォトジェニックではあると思いますが、完全にガラス張りなので本がすぐに焼けてしまいます。僕はただ本が焼けてしまうことをどうこう言いたいのではなく、もうちょっと別の空間の質があってもいいのじゃないかと思うのです。地下の掘られた空間なるものと、地上のガラス的なものの対比だけではない感じの質。すでに植物や既存家屋によってできているから必要ないと思ったのかもしれないですが、もうちょっと何か工夫してつくり出すのもいいのかなと思いました。

展評

計画から対話へ。その先、向かうところ。

原田真宏

一周、回ったんだ。

代官山ヒルサイドテラスの展覧会場を一通り見終えての感想である。SDレビューウォッチャーとしては不真面目な部類に入るだろう僕は、じつは約10年ぶりに会場を訪れているから、各年ごとの微差は分からない。代わりに大きな変転はよく見えてくるようだ。

端的にいってしまえば、会場が"有色"になった。10年前はもっと"無色"だったと思う。子どものような感想で申し訳ないけれど、そのことが最も印象に残った。

僕自身幾度か入選させてもらった2000年代前半までは、無色のいわゆる"白模型"が展示の主流だった。有色の物質性などは、余計な情報・ノイズとして見なされ、排除の対象だったように思う。それは当時、建築表現の主眼が"計画"にあったからだ。戦後の何もない延々と続く焼け野原、そこに新しく世界を築くには、空から理性の力で地面というマッサラなキャンパスに絵を描くこと、つまり"計画"の力が必要だったし、それこそが建築の"本分"であったのだろう。無色の白模型がメジャーであった2000年前半までは"計画"が主題である"戦後復興期"の余韻が、減衰しつつも、じつはより純化したかたちで続いていたのである（当時は実作もその多くが白く、計画表現主義とでも呼ぶべき現れであったのは、まだ記憶に新しい）。

2018年の会場はこれとは対照的だ。いわゆる白模型はほとんどひとつも見当たらず、全ての作品は有色で物質性を帯びている。戦後復興期は既に終焉し、僕たちの日常環境は何もない焼け野原ではなく、当たり前に既存の事物で満たされている。そんな状況下で、従来通りの空からの"計画"では大雑把に過ぎるしデリカシーに欠けると、この世代は皆完全に気づいているのである。既存の事物と、地に足を着け、アイレベルで丁寧に応答すること。つまり"既存の質"との"対話"が建築的に重要になってきているのが2018年現在であり、代官山の会場の"無色"→"有色"の転換は、建築の主題が"計画"→"対話"へと移り変わったことを分かりやすく示しているのではないか。実質的にも認識的にも、ようやく戦後は終わり、開発は2周目に入ったのである。

有色なる世界をデザインの前提としている作品を思いつくままに、なるべく多く挙げていく。

まず、集成材のラミナ一つひとつの個性を評価し適材適所の合理的な屋根梁としたうえでプリベンドをかけることで木のたわみ問題を解決している〈山王のオフィス〉。物理的であると同時に、そもそも理念上都合よく"標準"化され得ない"木材"という存在と向き合って生まれたデザインであり有色的だ。〈菊名貝塚の住宅—基礎に住む〉は斜面地の基礎下部に存在する既存地形を空間の多様な質へと上手く変換しているし、〈まれびとの家〉は現地林業を中心とした生業という"こと"と材木という"もの"を、コンピュータ連動の加工機を導入することで新しい経済・環境的サイクルへと転換しようとする試みで、両者ともまさに既存の有色な地盤に立って建築を捉えようとしている。

また"計画"から"対話"へと主題の座が移ったからといって、建築が"抽象"と縁を切るわけでは当然ない。むしろ、有色な"質"世界と、無色な"抽象"世界の関係の捉え方に、各作品の個性が見えてくるのは面白い。制度的約束事である道路の白線を少しだけ変化させることで環境の意味を変化させてしまう〈境界のパブリシティ〉や、〈木更津の農場劇場〉の異なる地目間の敷地境界を建築が意図的にまたぐことで空間変化のキッカケを得る手法などは、現実の少し懐かしい物理的質を扱いながらも、社会制度という抽象性と"戯れる"ようにして作品性を発生させている。抽象と質の関係でいえば、〈FUJI PUBLIC—物干台のような 雲のような—〉は既存古家とそれを貫通する鉄骨階段という著しく有色な質の世界と、歌詞や絵本の世界等という極めてフィクショナルな意味世界が、どこか摩擦なく同時存在しているところが特徴的で、たとえば地方の中高生たちの日常的な現実感を明らかにするような批評性のある展示だった。

これとは逆に既存の質からより積極的に価値を取り出し、それを根拠に豊かな環境の実現を試みたのが〈6つの小さな離れの家〉だ。既存の店舗兼住宅の機能的・物理的質をよく読み、それをとことん利用し尽くすように、ボリュームを切り分け、壁を剥ぎ、穴を掘り、さまざまに操作して、既存建築があったが故の唯一無二の世界を生み出している。デザインボキャブラリーとしてガラスボックスを選定しているが、陽晒しとなり熱を帯び、またすぐに汚れるというデメリットに目をつぶってもこれを使ったことは、ガラスという記号による"計画"的価値の担保とも取れ、遅しいというべきかもしれない。是非はあるが計画を手放さない態度、それも含めて楽しい。

有色なる世界と向き合い対話することで、そこから"計画"を見出したのは〈D鉄工所のオフィス〉だ。鉄骨という物性をよく理解し各階床レベルを2層にすることでフィーレンディール梁の効果を得て、かつ空間高と視線の交わりに変化をもたらすという新しく普遍性のある空間計画手法を"生み出し"ている。ここには初期のモダニズムに通じる建築の王道を見たし、何より、有色なる"この世界"から新しく価値のある計画的理念が見出されたことに意義がある。その他にも構造や素材など世界の有色性を前提とした優れた作品が見られたが、最後に述べた2作品は2018年SDレビューを象徴する作品と僕には感じられた。

一周回ったこれから、かつてのように空から降りてくる一方向の「計画」は建築の主題ではなくなるだろう。地質学的にAnthropocene*（人新世）とも定義されるこれからの時代であるのだから、既存事物などの物理的環境との対話は確実に重要になる。しかしそれは、おしゃべり関係が延々と続くことを意味しない。僕は有色な世界との対話の中から見出され、そこから立ち上がる、「地に着いた計画」をリ・ビルドすることが重要だと考える。2周目以降の建築の主題について考えさせる展覧会だったのではないか。

（はらだ・まさひろ／建築家、芝浦工業大学教授）

*人新世または人類世と訳される地質学の新しい時代区分で、更新世、完新世に続くものとして提唱される。地球の生態系や気候に対して人類の影響が支配的であることが特徴とされる

京都展レポート

小寺七海

SDレビューの巡回展が京都工芸繊維大学美術工芸資料館で開催されるようになり、今年で7年目を迎えました。会期中は、約1,700人の来場者にお越しいただきました。例年、幅広い年齢層のお客様にお越しいただいておりますが、今年はとくに若い方の姿が多く見られたように思います。高校や大学からの団体でのご来館も非常に多く、建築を学ぶうえで有意義な展覧会となっていることを実感します。

京都会場では、京都展でしかできないことを行う趣旨のもと、2つのことに取り組んでいます。1つ目は、入選者のインタビュー映像の上映です。入選者へのインタビューは、東京展の初日に各入選者の作品の前で行います。入選者自身の言葉で作品について語っていただくことで、どのような思いで作品に取り組んでいるのかを知ることができ、展示をより深く理解するための手助けになると考えています。2つ目は、シンポジウムの開催です。今年は審査員3名と入選者13組にご登壇いただき、シンポジウムの前半部分では審査員の先生方にご自身の手がけた建築についてお話いただきました。ひとつの建築がたちあがるまでの貴重なエピソードから、さまざまな現実に直面しても真摯に向き合う設計者の姿勢を知ることができました。シンポジウムの後半部分では入選者による入選作品のプレゼンテーションを行い、審査員と過去の入選者でもある本学の長坂大教授と木下昌大助教を交えてのディスカッションを行いました。二次審査会後の開催となる当シンポジウムは、審査員と入選者にとって作品について対話する初めての場となります。展示内容を把握していても、意見交換を行うことで両者の間に新たな見解が生まれ、終了予定時間を延長しての白熱したディスカッションが繰り広げられました。このような議論を目の当たりにすることは、建築・デザインを学ぶ学生やそうでない方々にとっても刺激的で得るものが多いのではないかと感じています。

大学ミュージアムである美術工芸資料館で巡回展を開催することは、学生が身近にプロの仕事を感じることができるだけでなく、社会に開かれた教育機関であるからこそ、より多くの人の建築への関心を集めることにつながると考えております。また、学生には展示設営やシンポジウムの運営への積極的な参加を促し、入選者や審査員と直接交流する機会をつくることで、将来へのビジョンが広がるきっかけになるのではないかと感じました。この展覧会を経験した学生が、将来SDレビューに入選することを願っています。

（こてら・ななみ／京都工芸繊維大学 美術工芸資料館）

SD Review 2018京都展

会期
2018年10月1日(月)〜10月27日(土)
会場
京都工芸繊維大学 美術工芸資料館
京都府京都市左京区橋上町
http://www.museum.kit.ac.jp/

シンポジウム
「建築がたちあがる時—入選者と審査員が語る」
[日時]10月8日(月・祝) 14:00〜17:30
[会場]京都工芸繊維大学60周年記念館
[パネリスト]
・千葉 学（審査員）
・江尻憲泰（審査員）
・平田晃久（審査員）
・秋吉浩気
・香川翔勲＋佐倉弘祐＋筒井 伸
・石川翔一
・栗原健太郎
・宮 晶子
・佐野健太
・塩崎太伸＋小林佐絵子
・高池葉子
・武田清明
・中川 純＋池原靖史＋満田衛資
・西倉美祝＋石原隆裕
・岩井一也（フジワラテッペイアーキテクツラボ）
・山田智彦＋廣瀬哲史＋森本清史＋田端由香
[司会]
松隈 洋（京都工芸繊維大学 美術工芸資料館教授）

京都展総括
松隈 洋（前掲）
事務局
小寺七海（京都工芸繊維大学 美術工芸資料館）、
埒田ななみ＋二星大暉＋石田 侑＋西岡佑太郎
（以上、京都工芸繊維大学大学院 松隈研究室）
会場設営
京都工芸繊維大学大学院工芸科学研究科建築学専攻
＋工芸科学部造形科学域建築学課程の学生有志
会場構成
埒田ななみ＋二星大暉＋石田 侑
＋西岡佑太郎＋小寺七海（前掲）

[下左]シンポジウムの様子　[上・下右]京都展展示風景

SDレビュー 2018 データ

作品募集要項の発表
2018年4月、建築関係の雑誌および自社ウェブサイト等にて募集要項を発表。SDレビューの特徴として、応募案は実現を前提としていること、また高度なプレゼンテーションそれ自体が審査にあたっての主要な評価対象とならないことを明記した。

SDレビュー2018
第37回建築・環境・インテリアのドローイングと模型の入選展
応募要領(抜粋)は以下の通り。

募集対象
実施を前提とした設計中ないしは施工中の建築、屋外空間、インテリア。国外に建つものも含める。応募作品数は1人1点とする。1人の応募者(=設計者)が複数のグループに所属して応募することを認めず、応募者名の変更は受け付けない(応募者とならない設計協力者はこれに該当しない)。また次のいずれかに該当するものは募集対象外とする。
・応募の時点ですでに完成しているもの
・雑誌等に発表されたもの
・実現の見込みが全くないもの
・コンペ・プロポーザル等の応募作品(公開、指名、入選、落選を問わない)

応募資格
特になし。

審査員
千葉 学　工藤和美　江尻憲泰　平田晃久

アドバイザー
槇 文彦　鹿島昭一

提出物
プレゼンテーション
(2、3については日本語または英語での表記を原則とする):
1. 設計意図を説明するために必要と思われる図面、写真等特に制約はなく、各自選択すること。表現方法は自由であるが、プレゼンテーションそれ自体の技術や密度は、審査にあたっての主要な評価対象とはされない。
2. プロジェクト名、主要用途、建設予定地、施主名(事業主体名)、工事予定期間、主構造形式、主要仕上材料、建築面積、延床面積。
3. 400字以内の設計主旨文(省略可)。
以上をA3判用紙(420×297mm)4枚以内にまとめたもの。パネル化は不可。用紙に設計者名、組織名は一切記入しないこと。2、3は後述の添付書類に含めず、1と共にA3判用紙に記載することに注意。

添付書類
(日本語または英語での表記を原則とする):
プロジェクト名、応募者(=設計者)名・フリガナ、応募者の年齢、職業、所属あるいは勤務先とその住所、略歴(以上、グループの場合はメンバー全員分)、応募者代表の連絡先(郵便番号・住所、Eメールアドレス、電話・FAX番号)、設計協力者名、募集情報の入手先。以上の事項をA4判用紙に記載したもの。

応募の受付・締切
2018年6月18日(月)—6月22日(金)

一次審査
2018年7月12日(木)に一次審査会が開催され、応募総数243点から14作品が入選となった。応募者代表の内訳は78%が設計事務所を主宰する建築家が占め、また56%が30代であった。また応募作品のうち52%が住宅系の用途であった。入選作以外に得票のあった応募作品の受付番号は004、013、020、047、050、068、070、073、075、077、078、080、093、104、113、115、123、127、135、141、145、146、179、182、186、221、223、230、232、238、243であった。

二次審査
2018年9月13日(木)に東京展会場にて二次審査会を開催。審査員による展示閲覧後、座談会形式で各作品の講評が行われ、あわせて入賞作品がつぎの通り選出された。

鹿島賞
〈6つの小さな離れの家〉
武田清明

朝倉賞
〈山王のオフィス〉
栗原健太郎+岩月美穂

SD賞
〈3つ屋根の下／House OS〉
神谷勇机+石川翔一

奨励賞
〈石と屋根 小さなホテルとワイナリー〉
高池葉子+尾野克矩+草野 佑+浜田英明

展覧会
2018年9月13日(木)から東京展、つづいて10月1日(月)から京都展が開催された。東京展会場は首都大学東京、東京工業大学、多摩美術大学の学生ら、京都展会場は京都工芸繊維大学の学生らの協力のもと、出展者による模型・ドローイングの設営が行われた。9月13日(木)には、東京展会場にて、審査員、入選者をはじめ、多くの関係者の出席のもとオープニングレセプションを開催。10月8日(月・祝)には京都工芸繊維大学 美術工芸資料館主催のシンポジウム「建築がたちあがる時——入選者と審査員が語る」が開催された(前ページ参照)。東京展2,842人、京都展1,740人の来場者を数えた。

[東京展]
会期:2018年9月13日(木)—9月23日(日)
平日12:00〜19:00、土日祝日11:00〜19:00
会場:ヒルサイドテラスF棟 ヒルサイドフォーラム
東京都渋谷区猿楽町18-8

[京都展]
(前ページ掲載)

主催
鹿島出版会

京都展共催
京都工芸繊維大学

後援
朝倉不動産

協賛
鹿島

東京展会場構成
杉 千春+髙橋真奈美／PLANNETWORKS+今泉春香

東京展会場設営
首都大学東京、東京工業大学、多摩美術大学の学生有志

京都展統括・事務局・会場構成・設営
(前ページ掲載)

グラフィックデザイン
工藤強勝+勝田亜加里／デザイン実験室

撮影協力
多摩美術大学 環境デザイン学科4年生

撮影
堀内広治／新写真工房
pp.005—015

お知らせ
今回の一次・二次審査会は、諸事情により工藤和美氏が欠席されたため、3名の審査員で執り行いました。

PANORAMA GINZA

銀座ジャック 再び!
——都市のアクティビィティ

2005年日本建築写真家協会の写真家たちは、銀座1丁目から8丁目まで1.1kmにわたる銀座中央通りの街並みを撮影するために、同日、同時刻、同時にシャッターを切った。それは「銀座ジャック」写真展で30mの大パノラマ写真として展示され、当時の新聞紙上でも「銀座万華鏡」と称され多くの人たちの反響を呼んだ。2018年9月9日、同協会により再び銀座ジャックされた。本書ではその一部を紹介する。全貌は2019年秋刊行をめざし単行本として編纂される予定である。(編)

記録に残したくなる街 銀座

竹沢えり子

銀座通りの建物の最高高さは56メートルと決められている。このことが決まったのは1998年の中央区・地区計画によってであって、実は特区であれば例外を認める、というものであった。その後、森ビルと松坂屋が都市再生特別措置法を活用した200メートル近い超高層計画案を提案したことで、銀座は議論に沸いたが、2006年に、特区の例外なく銀座通り沿道の建物は56メートルにすることで決着をみた。同時に、中央区はデザイン協議会の仕組みを定め、銀座における新築建築物および工作物は、協議会との協議を経なければ、中央区も確認申請の合意を出さない、ということが決められた。以来、銀座デザイン協議会では、年間約300件、2006年からの合計で2000件を超える案件すべてについて協議を重ね、地域の意見を申し述べている。現在の銀座の街並みは、地域の人々によるデザイン協議を経てできあがっている。

銀座通りの街並みを写真に残す試みは、過去何度かなされてきた。木村壮八『銀座界隈』の別冊アルバムには、写真家の鈴木芳一が1953年11月から翌年春にかけて、「出来るだけ同じ天候、同じ時間を選んで」銀座通りの街並みを撮影し、それらの写真をつなぎ合わせ再編した写真が掲載されている。銀座はすでに戦災から立ち直り、銀座通りにはビルが建ち並んでいる。大半は2階程度で、3〜4階以上の建物は写真からはみだしているので、「かうあらう、と想察に譲る」と木村は書いている。

1981年、『銀座百点』は、「世界最初のカメラ・テクニックによる街の超パノラマ」と題する、銀座通り1〜8丁目街並み写真を発表した。撮影者は小川忠博。競馬・競輪などの写真判定に使われていたスリットカメラをフィールドに持ち出せるように改造し、車に乗せて走らせたことが「世界最初」であった。つまり、ミリ単位のスリットの背後をフィルムが流れて時間の流れを撮影する、という従来の使い方に対し、被写体ではなくカメラを動かすことによって、スリットを通して映る街並みが連続してフィルムに残るようにしたのである。また、超広角レンズを使用してビル中心の垂直部だけを連続して映すことで高層ビルが台形にならず、圧縮されながらも四角いビルになっている。小川は、土日の歩行者天国の始まる寸前、信号が許す限り走行して約1ヶ月かけて撮影し編集したという。

2005年の日本建築写真家協会によるパノラマ写真は、銀座通りの街並みを建物高さも含めて初めて正確に記録し、一目で見渡せるようにした画期的なものであった。それ以来、わずか十数年の間に銀座通り沿道の建物は大幅に建て替わっている。今回の撮影で私たちはそのことを改めて実感することになるだろう。そして銀座通りとは、街並みの変化を感じ取り記録しておきたい通りなのだということも、実感するに違いない。

銀座通りは、これからも変化し続けるだろう。とはいえ、高さが56メートルよりも伸びることはなく、これからも写真の幅は同じである。

(たけざわ・えりこ／(一社)銀座通連合会・全銀座会事務局長)

銀座ジャック2005（銀座中央通り全体、銀座1丁目〜8丁目）

銀座ジャック2018（銀座中央通り部分、銀座4丁目附近）

P.058、063の写真

❶銀座7丁目銀座中央通り
❷銀座5丁目すずらん通りを見る
❸銀座4丁目天賞堂東側壁面広告
❹銀座3丁目銀座中央通り「シャネル」
❺銀座8丁目見番通りの舗道プレート
❻銀座4丁目銀座中央通り
❼銀座5丁目泰明小学校イベント「ゆかたで銀ぶら2018」
❽銀座5丁目東急プラザ銀座数寄屋橋通り側
❾銀座4丁目「二葉鮨」(昭和通りから三越側にひとつ入った通り)
❿銀座5丁目三原小路あずま稲荷
⓫銀座5丁目東急プラザ銀座東側壁面
⓬銀座2丁目銀座ガス灯通り裏小路
⓭銀座5丁目エルメス&ヒューリック銀座数寄屋橋ビル
⓮銀座4丁目和光並木館裏猿結参道「えんむすび参道」
⓯銀座3丁目銀座マロニエ通り
⓰銀座8丁目見番通りの店舗案内
⓱銀座4丁目銀座中央通りイベント「ゆかたで銀ぶら2018打ち水」
⓲銀座1丁目銀座煉瓦通り小路

写真撮影:日本建築写真家協会

PANORAMA GINZA

銀座ビルヂング観光

泉 麻人

　街歩きの愉しみのひとつに、趣のある古い建物の発見がある。下町の路地裏に残る木造の長屋や壁に銅版（緑青をふいている）を張った〈看板建築〉の商店などもいいけれど、銀座歩きの場合はクラシックなコンクリートのビルがお目当になる。現存する建物は、古いところでほぼ昭和初め頃の建築になるようだが、思わず〈ビルヂング〉なんて昔風の表記を使いたくなるような、好みの物件をいくつか案内したいと思う。

　まずはやはりメインストリート、4丁目交差点の角に堂々と建つ和光（服部時計店）から。昭和7年に誕生した銀座のランドマーク的な建物。近頃ハヤリのスポーツ選手のパレード中継なんかを眺めていると、銀座通りにこの白亜の時計塔ビルがあってよかった……とつくづく思う。

　銀座通りで戦前から変わっていないのは、この和光だけではないか……と思ったら、その先の本屋・教文館のビルも昭和8年の建築なのだ。こちらは外壁が改装されているので、ちょっと古さがわかりにくいけれど、館内裏手の階段などには年季が感じられる。

　松屋デパートの北裏、1、2丁目の裏道には渋いビルヂングが多い。メルサ横の柳通りに面したヨネイ（米井）ビルは昭和4年竣工というから、古参ビルの筆頭といっていい。外壁がテカテカに改修されて、1階にシャレたブティックと洋菓子の店が入って、どことなく神戸・三宮あたりの古ビルを思わせる。

　その先の横道を京橋側に入ったところに建っている〈奥野ビル〉は、オリジナルの雰囲気をとりわけ留めている物件といえる。雨風に晒されて、いい風合いに色落ちした褐色のスクラッチタイルの外壁。ベランダの所々にはパリのアパートメント風に草花が飾られていて、仄暗いロビーの傍らには「手で扉を開閉する」古典的なエレベーターがいまも設置されている。

　竣工は服部時計店と同じ昭和7年、現在多くの部屋は画廊やアンティーク店などに利用されているが、当初は〈銀座アパート〉という一般向けの集合住宅だった。以前に取材したとき「東京行進曲」を歌った佐藤千夜子、その作曲をした西條八十、映画監督の五所平之助……といった人たちが住んでいたと伺ったから、1970年代の原宿セントラルアパート、のような先端的なアパートだったのだろう。

　反対側の新橋寄り、7丁目のほうに行くと、花椿通りに〈菅原電気ビル〉というのがある。ここ、菅原電気の名義よりも2階あたりに入っている〈椿屋珈琲店〉（本店なのだ）の方が目につくのだが、よく見ると、スクラッチタイルの外壁や丸窓などに昭和初めのモダン建築のセンスが感じとれる。ちなみに、菅原電気——というのは家電のメーカーいうより、電子部品の生産や設備工事を請負うハードな電気会社のようだ。

　外堀通りに出て、6丁目の交詢社通り入り口の角に建つ電通、通称・銀座電通も好みのビルだ。竣工は昭和9年というから、まだ新聞と雑誌広告が主体の時代。この上品なコンクリートビルを眺めるたび、電通って会社はこのくらいの規模で止まっておいた方がよかったかも……と思ったりもする。

　さて、最後にもう一件。企業ビルではないけれど、数寄屋橋の泰明小学校の建物を挙げたい。銀座の西の玄関のシンボル的な役割を果しているといっても過言ではないだろう。関東大震災後の復興事業で建設された昭和4年竣工の校舎は〈三代目〉になるらしいが、半円のカマボコ型を基調にしたデザイン、フランス門と呼ばれるヨーロピアン調の鉄扉、ブランド制服を採用するまでもなくシャレている。東急プラザの脇でみゆき通りがちょっと左に湾曲するところに、この小学校が見えてくる景色がとても気に入っている。

（いずみ・あさと／コラムニスト）

特集2

エンバイロメンタル・ファイン・チューニング
ポスト近代／リノベーション／寛容と愛着

企画・編集：海法 圭＋佐々木高之＋佐藤研吾＋常山未央

19世紀に近代化、20世紀に戦後復興を経験し
急激に成長した日本は、21世紀に入った今、
人口減少という新たなフェーズに突入した。
　国内の住宅の空き家率は8分の1を超える。
都市への人口集中に伴う過疎化の問題は深刻さを増し、
環境問題の解決は新たなる問題を生み、
解決のめどは立たない。経済格差は一向に解消されず、
若い世代は所有に縛られない生活を模索しはじめている。
　現代、建築に携わる者は
過去の人びとが私たちの世代に残した遺産を活かし、
より人間的な環境をつくっていく責務がある。
　既存のモデルから一部を選択再利用し、より優れた
モデルを構築するファイン・チューニングという手法は、
昨今の人工知能の目覚ましい発展に寄与している。
私たちは環境をリノベーションによって改編していくことで、
新しく豊かな建築像を生み出していく。
　リノベーションによって切り開く新たな建築の様相を、
30代前後の若手建築家4名が提案する。
　歴史家の加藤耕一氏と、建築家の乾久美子、
能作文徳の両氏を交えた座談会からは、
「物質性」「他者との対話」「弱いプログラムのための建築」
というキーワードが浮かび上がってきた。

座談会1
リノベーションへの希望
物質性、そして愛着のデザイン

加藤耕一、常山未央、佐藤研吾、海法 圭、佐々木高之

——加藤先生が昨年出された著書『時がつくる建築 リノベーションの西洋建築史』（東京大学出版会、2017）のなかで、リノベーションは西洋建築史のスケールで見ればニッチではなく、むしろ新築よりも歴史的に厚みのある行為だということを指摘されていて、そのことに鼓舞された建築家が多くいます。しかし日本建築界ではリノベーションはまだ新規分野であり、クライテリアを模索している状況にあると思います。そこで加藤先生と、リノベーションの背景にある現象や思想について、そして今後の日本での可能性について議論したいと思っています。

まず背景についてですが、現代日本の状況としては、近代化を経て都市化が進み、ある程度十分な強度のストックがあるなかで人口減少を迎えています。そのストックがリノベーションの現場となっていますね。

人口減少時代に起こるリノベーション

加藤 あの本のなかにも、古代末期に円形闘技場が軍事要塞になっていったエピソードを書きましたが、ヨーロッパでは古代末期にまず人口減少という今の日本と似た状況がありました。ローマ帝国が圧倒的に成長して拡大した後にゲルマン民族が移民として入ってきて社会が乱れ、戦争状態になり、都市が縮小し、都市を壁で囲っていった。あるひとつの時代の終わりに、人口減少があり、それまで盛んに建設活動が行われていたものが廃墟化したり、別の用途に変わったりしていったわけです。中世の末期にも、中世盛期の発展と人口増加に対応してゴシック大聖堂のような巨大な建物をつくっていっていたところに、大きな気候変動と伝染病が起こって都市の人口が半分になるような強烈な人口減少に直面し、不要な巨大建物がたくさん生まれるという事態が起こりました。今私たちが直面しているのは歴史上3回目の社会変動で、近代末期とも呼べる時代なのだと思います。歴史上も現代と似たような状況があり、建築家たちはそのたびに、いろいろな知恵を絞って面白いことをやってきたはずです。

この人口減少時代に成長時代と同じように建物をつくっていくということは馬鹿げている。このことは歴史を見ても明らかだ、ということを社会に投げかけたくてあの本を書いたようなところがあります。今の時代に、近代の建築理論を押し通し続けていくことは、たぶんまずいだろうと思います。そうではない何らかの理論が必要になってきていて、それがリノベーションという現象に現れてきているわけです。今日ここに来てくれたみなさんより上の世代は、20世紀の建築理論で建築をつくってきた人たちで、それとは違うことを若い人たちがやっていることに対して「そんなの本当に建築なのか」と感じるのは当然だとは思いますが、若い世代こそがこの近代末期のなかで、新しい建築のあり方を模索しているという状況なのだろうと思います。

海法 今が近代末期というのは重要な視座だと思うのですが、末期といわれると若干不安になってしまいます（笑）。古代末期と中世末期はどのように乗り越えられたのでしょうか。

加藤 次の時代がやってくるわけです。末期といわず、次の時代への過渡期というのがいいのかもしれませんね。過渡期の建築家というとフィリッポ・ブルネレスキとレオン・バッティスタ・アルベルティが挙げられますね。どちらも15世紀のイタリアで活躍した建築家です。僕はあの本のなかで、16世紀から新しい建築の時代、すなわち既存建物を破壊して更地に新築する「再開発」の時代が始まったと書きました。また16世紀になると、オーダーを使って新築するなど、新しい建築のつくり方の理論がすっかり定着します。ブルネレスキとアルベルティは、教科書的にはルネサンスの始祖として語られていますが、彼らは実際にはリノベーション的なものをすごくたくさんやっているし、そのなかで新しいものをどうつくるかということを模索している人たちです。現代もそれと同じような過渡期の時代であり、ブルネレスキやアルベルティのような建築家がここから出てくる、ということではないかなと思います。

常山 日本にもそういった過渡期というのはあったのでしょうか。

佐藤 明治期初頭、近世と近代のあいだといえる時期の東京では大名やお付きの人などがごっそりいなくなり人口が減りました。そこで空き家になって荒れ果てた大名屋敷の使い道が問題になり、新政府の省庁舎などに転用されたり民間に払い下げられたりもしましたし、首都の建設もお濠を道路にするなど、基本的には転用で新しい東京をつくっていった過程がありましたね。ただし、古代中世の都、そして戦国期の城下町は、社会状況の変化に応じて幾度も遷都と移転を重ね、ある種、都市の新築を繰り返してきたともいえます。

ポスト近代の環境意識

常山 古代末期や中世末期は当然今のようなグローバルな視点はなかったわけですが、環境的な配慮というのはあったのでしょうか。現代は地球温暖化など環境問題に対する配慮が、一般の人も高い意識をもっていますし、私も設計するなかで、解体したこのごみはどこへ行くのだろうという思考が自然と働きます。このエコロジカルな気づきが、今の時代のリノベーションの強力な背景です。

加藤 少しでもいい環境で住みたいという欲求は当然あったでしょうが、ある時代の末期だから環境を考えるということは、歴史上いつもあったわけではありません。

常山 中世末期には伝染病が流行していたから、光や通風といった環境を建築によって改善していこうという思いはあったけれど、二

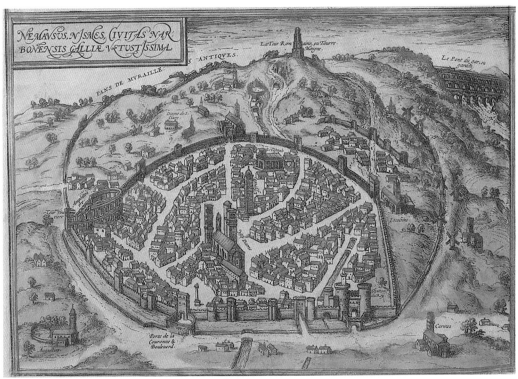
《ブラウンとホーヘンベルフの地図》より、16世紀のニームの都市地図

酸化炭素の問題などはまだ浮上していなかった。産業革命後の時代としての近代末期ゆえに、環境問題と末期が重なっているのが今です。ハリー・フランシス・マルグレイヴらの著書『現代建築理論序説 1968年以降の系譜』(澤岡清秀訳、鹿島出版会、2018)のなかで、現代について触れている「持続可能性とその先へ」という章がありました。そこで書かれていたのが、環境建築が理論や数値重視だったものから感覚的なものへと移行しているのではないかということです。バイオフィリックデザインや、エビデンスベーストデザイン、神経美学に触れながら、「建築は際立って感情と多感覚に基づく経験であり、設計者がそれを深く理解できているほど、長く維持され残っていくデザインとなる」、と語っています。人間の感覚的な部分を建築が引き出すことで、結果として持続可能な建築になる。それはリノベーションの現場でまさに実感していることでもあります。時間を経たモノと人間の感覚的なところから建築をつくることで「愛着」をもって使ってもらえる。結果的にその建築がいい状態で残されて、生き続けていく。こういったことは私が建築を学びはじめた2000年頃にはあまり語られていなかったことだと思います。

物質性と愛着、スポリア

加藤 その感覚というのはモノの話だと思いますが、リノベーションというのは、まさにモノの話だと思います。そして感覚や共感というのは、設計者にとっての問題だけでなく、使用者の主体性がものすごく大事になってくると僕は思っています。

僕自身がリノベーションに一番可能性を感じているのは物質性の問題です。物質性というのは近代の建築理論が最も語ってこなかった、理論化してこなかったポイントで、近代の建築の探求はむしろ形式性、フォルマリズムの方にすごく寄っていました。そこに使われているマテリアルは、構造がコンクリートであれ木造であれ、とりあえず白いペンキを塗って合板を張って……、とマテリアルについてはあまり検討をせずにかたちの問題、形式の問題として建築を捉えていたのが20世紀だったといえると思います。それに対して、今日リノベーションの建築作品を見ていったときに、マテリアル満載の建築が登場しはじめている。それはかたちとしては大きく変化させられない場合が多いという理由もあるのでしょうが、形式をどう動かすかということだけでなく、モノがもっている物質性の問題を前面に表すことが起こってきている。この近代の建築理論が真剣に論じてこなかった問題に対して正面から取り組み、論じることができるようになるということに、リノベーションの大きな意義があると思っています。

スポリアという行為を『時がつくる建築』のなかで紹介しました。簡単にいうと古い遺跡などから材料をもってきて使用することなのですが、本を読んでくれた多くの建築家の方々から「スポリア面白いね」と口々にいわれました。このスポリアというのは、モノ自身を用いることによって物質がもっている記憶などもすべて付随させてしまう。例えば、今はなき同潤会アパートのドアノブがスポリアされていたとしたら、使用者は毎日ドアを開けるたびに、これはじつは90年も前につくられた建物のなかで日々使われていたもので、それを今自分が使っているんだ、と思うでしょう。それは視覚情報ばかりでなく、手の感触によって強烈に喚起される感覚です。その感覚は、設計者以上に使い手が意識することになる。そのことが建築に深みを与え得るのだろうと思うんです。スポリアは記号とは大きく違います。20世紀の建築ではポストモダニズムと記号論が結びつきましたが、あれはまさに形式の面で過去の何らかの建築のかたちを記号として使用し、この部分はどういう意味をもっていて、とか、何を表象していて、というように意味を上塗りしていくものでした。しかし物質そのものはもっとずっと強い感覚を伝えるものになり得る。スポリアなどによる物質的記憶も含めて、マテリアルの問

題というのがリノベーションにおいて、きわめて本質的な建築論的テーマになるだろうと思っています。

常山 それは実務をしていると感じることです。木造の改修現場で、日に焼けて貫や釘の跡の残る105角のヒノキ柱が目の前にあったとします。それを買ってきたものに置き換えてしまうと、たとえ同じ105角のヒノキであっても、それ自体がもつ情報量がまったく変わってしまう。人間にはものに内在する記憶のようなものを読み取る能力があって、それと外からの情報を掛け合わせてその柱にストーリーを付随させていきます。そうすると、そこでしかない空間の質をその柱がつくり出す。その力がやっぱり空間を豊かにするし、人は愛着を感じる。そうすると、メンテナンスがきちんとされて、大事に使われることにつながる。そうすると次の世代に引き継がれていくきっかけになる。私はそういった連鎖が建物を持続可能にしていくと思います。

加藤 物質に与えられた痕跡が記憶と結びついていくということは僕も面白いと思っています。ピーター・ズントーが『建築を考える』(鈴木仁子訳、みすず書房、2012)のなかで、「人間の生の痕跡を受けて熟成されたマテリアルが建築に豊かさを与える」、といった話をしています。また、ヴァルター・ベンヤミンが20世紀の初頭に、19世紀のインテリアのことを語りながら「人びとは室内空間をつくりその痕跡を読み取ること、自分の痕跡を自分の部屋に埋め込んでいくことによって、ここが自分の部屋であるという安心感を得る」ということを書いています。ベンヤミンは19世紀の近代都市の問題を考えているわけですが、都市空間のなかで、人間は群衆の一人になる。たくさんいる人びとのなかの一人で、個というものがなくなって、そこに溶け込んで、群衆は都市のヴェールになる。ヴェールは都市を覆い、人はその群衆越しに都市を見ながらも、自分もそのヴェールのひとつになって浮遊していると表現している。そんな近代都市に住む人間が、自分の部屋に帰ると、そこにはさまざまな痕跡が埋め込まれていて、自分自身の生の痕跡を感じ安心できる。そのような都市と室内空間の対比を、ベンヤミンもマテリアルと痕跡という視点から考えています。19世紀までの、つまり近代化が始まった時代のインテリアとマテリアルの問題を考えたベンヤミンと、現代のズントーのような建築家——彼はやはりリノベーションの仕事もしていて、そういったところでマテリアルの問題をすごくよく考えていますね——が似通ったことをいっている。人間の生の痕跡を帯びたマテリアルが建築に豊かさを与える、というわけです。これは近代の建築理論では一切語られなかったことです。

設計者は、使用者が生の痕跡を感じられる余地を与えることができ得る。常山さんの先ほどの例では木の柱を残そうと思った時点で建築家の判断が働いています。ただ、その柱が本当に愛着に結びつくかどうかは、使用者に投げかけるしかないですよね。それでも、設計者としてはなるべく愛着につながりそうなものを選択する。そのことが、建築の設計になる。

常山 建築家は日々モノに向き合っているので、モノに内在する時間を読み取る感受性が使い手よりも研ぎ澄まされている可能性があります。今あるものの残し方次第で、そこでの使い手の愛着を引き出すこともできる。そこにリノベーションにおけるデザインのチャンスがあると思います。

[上] 設計者の祖父が東京で所有していた箪笥をインドでローテーブルに仕立て直した。スポリアの一例(佐藤)
[下] 木造一戸建ての〈牟礼のリノベーション〉では障子の枠を再利用し、緩やかな間仕切りとしている(佐々木)

また、自分の痕跡を空間に埋め込んでいく方法はマテリアルだけではないとも思います。例えば窓辺を気持ちよく座れるようにつくる。そこから外を眺められるようにすることで、その窓辺に滞在する時間が長くなってそこに生の痕跡が発生しやすくなるといった、場所性とモノの複雑な関係によっても生み出されるものです。物質のもつ時間性と、都市とのつながりや光の環境といった事柄を複合的にデザインし、愛着を引き出すような空間にしていくことが建築家の腕の見せ所だと思います。

加藤 それは新築においても一緒ですよね。

複数の時代性が併存する建築

海法 加藤先生が『時がつくる建築』で提唱していた「線の建築史」の考えでは、例えば床の仕上げは100年経った素材で、天井は50年前で、壁は600年前のものでした、という風に、いろいろな歴史をもつものに囲まれた場所ができてくるということになりますよね。それはすごく面白そうなのですが、よくよく考えると現代の日本では、例えばすべてが平安時代のままだという場所か、新築で築10年といった偏った場所が多く、歴史性が混ざっている空間というのはなかなか存在していないのではないでしょうか。そのため、僕らのなかにその歴史的な多重性を帯びた空間に対する素養が身体感覚として備わりにくく、想像しづらいように思います。

そういった単一の歴史を保有する建物をリノベーションしていくということは、既存の50年目のものと新しく加える1年目のものの2種類しかない状況になりますよね。線の建築史ということを考えるといろいろなものが蓄積されていくはずなのですが、なかなかそうはいかないのではないでしょうか。

加藤 50年前の建物に、今、2種類目を加えて、また50年後に3種類目が加わってくればいいんじゃないかと思うんです。そう考えたときに、その2種類目を加えるときの視点として「新旧の対比」しかボキャブラリーがないということが問題になってくると思います。古いものに対しては、これはすごくいい素材が使われているからといって残す、そして新しいものは合板で簡素に仕上げる、という手法一辺倒ではいけないと思います。その新しく付加した合板はその次の50年間維持されるのか？また、その50年間愛着をもってもらえるのか？こういった思考が大事だと思います。作品としてリノベーションの建築ができた瞬間に新旧の対比を写真に収めるのはかっこいいかもしれないけれども、その竣工写真の瞬間も、長い「線の建築史」のなかのある一瞬でしかないと考えたときに、マテリアルと時間の問題をもっと考える必要性が生じてくると思うんです。

佐藤 昨今のリノベーション建築において、果たして建築としての新たな試みがあったのかは僕も気になっています。新築よりも手軽で素早さがあるだけに、表層的なデザイン操作以上の、ものの成り立ち、場所の生き方からデザインを突き詰めなくてはいけないと思っています。また既存を剥ぎ取るだけではなく新しい要素を積極的に加えようとする姿勢を保っていかないと、建築が立ち止まってしまうところが今後出てくるだろうと危機感をもっています。新しいものはなるべくつくらないとする縮小時代の雰囲気に、制作の現場がのまれてはいけないとも思っています。

白く塗ること

常山 加藤先生は以前、リノベーションの手法としてとにかく白く塗るということに対して懐疑的だといわれていましたね。また、歴史上の建築には建築史のトピックだけを見ていると見えない時代性がそこに強く反映されているという話もされていて、私はその2つの関係を面白いと思いました。

近代建築という白く塗られたものを見てきた人びとが古いものを刷新しようとしたときに、お金もあまりかからないし、明るくなるし、とりあえず白く塗ってみる、という選択をすることに人口減少でストック社会で経済も低成長、という時代性が反映されています。それが建築家に端を発するのか、使い手から生じたのかは分かりませんが、どちらにせよその時代にとって身近な選択肢に白く塗るという手段があり、それが結果的にリノベーションをセンセーショナルなものとして印象づけたという背景がある。そしてその白く塗るリノベーションを見慣れた私たちは、白ペンキの特性を否定するわけではないけれど、別の方法に興味をもちはじめている。白ペンキの時代を経ることでマテリアルや装飾への意識が変わりつつあるのではないでしょうか。

捨てられそうだったものをもらってきたり、記憶が埋め込まれたものをマテリアルとすると、今までとは明らかに違った現れ方となってくると思います。抽象化、産業化されたマテリアルを使うときには思いも寄らなかった扱い方、作り方、組合せ方が創造できる。それは加藤先生がおっしゃっているマテリアルの可能性やスポリアの特性に近いことなのだ

マンションの一室をリノベーションした〈東成瀬の4層〉の建具は、既存の間仕切り壁の記憶を残すためにその骨格を踏襲したり、襖戸の下地を再利用した（海法）
[→P.065] 住宅として建てられ企業の寮となっていた築50年ちょっとの建物をシェアオフィスにつくり変えた〈つなぐラボ高輪〉。木の柱には背割りや貫の痕が残っている。高強度アラミド繊維のひもブレースで耐震補強を行った（常山）

と思います。

佐々木 リノベーションを実務でやっている身としては、やはり愛着とか愛おしさ、個人の思い入れこそがプロジェクトの原点となるのが理想的だとは思います。一方で、現代日本国内でリノベーションが増えてきているのは社会的な理由による部分が大きい。そのため、愛着をいだけるマテリアルを積極的に使用していきましょうということは、クライアントが特に求めていることではない場合が多く、2つのモチベーションに応えるように作品をつくっている状態です。

ところで、数年前まではリノベーションはその社会的な理由——具体的には家を所有しはじめる世代にお金がそこまでないといったこと——だけがモチベーションだったような気がします。ネガティブなモチベーションによってリノベーションという選択をしていたので、それを打ち消すために白く塗るという操作が合っていたといえるのではないでしょうか。そして私たちはリノベーションの実務を通して既存の建物に向き合い続けていたら、その痕跡のある材料のよさに気づきはじめた。そして使用者の愛着といったようなポジティブなリノベーションの姿勢が生まれてきている、という段階に今いるといえるのではないでしょうか。

海法 人間というのはいつの時代も、ネガティブとかポジティブとか相対的なことではなく、それしかないという選択を積み重ねてきたものだと思います。その、それしかないというその時どきの選択が、歴史を動かしている。その状況を、どんなものでも楽しむようにするのが創作の本質ではないでしょうか。古代末期も中世末期もきっとやむにやまれぬ状況があったでしょう。でもそこからアルベルティやブルネレスキが出てきた。

加藤 白く塗るという行為のルーツは、やはりル・コルビュジエだと僕は思っています。ル・コルビュジエが『今日の装飾芸術』（前川國男訳、鹿島出版会、1966）のなかでリポラン法というものを掲げました。リポランというのはペンキメーカーの名前で、それで白く塗るということを強烈に押し出したんです。

その背景として、あの本が出版されたのは有名な1925年のアール・デコ博の年で、彼はエスプリ・ヌーヴォー館をそこに出展している。アール・デコの室内というのは壁紙や布や大理石などでものすごく室内を飾り立てて、マテリアルと装飾が満載です。そういった室内が時代の一番の主流だったときに、彼は、そんなものはいらない、白いペンキだといって、エスプリ・ヌーヴォー館を提示したわけですね。ル・コルビュジエによれば、濃い色合いで、模様もたくさんあるような壁紙に包まれた室内では、さまざまな過去が堆積しても気にならない。つまり人間の生の痕跡が蓄積した室内ができてしまう。しかしそんなものは産業の発展のためには邪魔だから、過去の思い出などどんどん捨てられていくような室内が必要だ。そのためには壁を白く塗れば、そこに置かれたものが気になってどんどん捨てるようになる。そうすると産業もどんどん回っていく。そうやって新しい20世紀を拓くんだ、という思想があったのです。白ペンキのインテリアというのは、こうして始まったわけです。

ということは、建築の時間性を引き受けるリノベーションと白ペンキのインテリアは、じつはかなり対極に位置する手法なのではないかという気がします。しかし日本の21世紀の、とくに初期のリノベーションはみんな白く塗っていた。これはとても不思議な現象だったといえそうですね。

明るさの希求

佐藤 現代のリノベーションはなぜみんな明るい場所を目指すのでしょうか。前近代の建築はもちろんのこと、数十年前の昭和中期の住宅なども暗さがあった。そうしたものを否定する価値観というのは、あくまでも現代のものですよね。快適＝きれい＝明るい＝良い、というコマーシャルな価値観です。異なる時代の価値観によってつくられた建物を前提とするリノベーションの建築は、そうした現代社会に通底する価値観を相対的、批判的に捉え直す格好の機会だと思います。僕が、リノベーションにおいても新しいものをつくる取組みからは逃げてはいけないと思うのは、例えばよくリノベーションで天井を剝いで小屋組を現すことがありますよね。でもあれって、躯体の耐久性、あるいは環境性能の観点からは必ずしもいいとは限らないと思うんです。しかしそれがひとつのスタイルとして蔓延しているという現象がある。それを先ほど話題になったような50年後も残るようにするとなったときには、もしかすると、そのオリジナルの建物が建てられた時期によしとされていた建物の姿を現代的価値観で塗り替えるようなやり方ではなくて、当時のつくられ方を読み解き、引き継いでいくという姿勢があり得るのではないかと思うのです。それは保守ではなく、自分たちの構想力が広がるきっかけにもなり、建物の長寿命化にもつながり得ると思います。

常山 しかし一方でそれが現代的であるからこそ、明るくて天井が高い方が気持ちいい、という価値観には抗えないのではないでしょうか。木造の長寿命化の観点では今いわれたような選択もあり得ると思うのですが、気持ちいいとか感覚的な部分も総合的に捉えていきたいと私は思います。

海法 どちらのスタンスもあり得る気がします。僕たちの世代は長年続いた新築信仰の影響をまだ引きずっている。鄙びた昭和の住宅に住んでいたのが、高度経済成長期にアメリカのようなマイホームを手に入れたことを諸手を上げて喜ぶ価値観が根強く残っている。そのような価値観は、いまだ新築に対するオルタナティブとしてしかリノベが存在し得ない点からも、リノベーションにおいてこそむしろ存在し続けているのではないかと思います。だから、新築住宅のもつ安易な明るさとは違う明るさや、古い住宅がもつ陰湿な暗さとは違う暗さを提示していく必要がある。

日本的スポリアの実践

佐藤 スポリアに話題を戻すと、幕末から明治初めにかけて活動した探検家であり蒐集家として知られる松浦武四郎による一畳敷とい

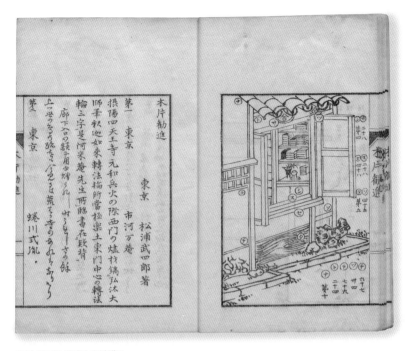

松浦武四郎 著『木片勧進』

う差し掛け小屋があります。伊勢神宮に使用されていた木材や後醍醐天皇が歩いたといわれる地板などを集めてつくられていて、それらのマテリアルは彼が全国を旅した際に知り合った蒐集家の友人たちに「何か木片を譲ってくれ」と手紙を書いて募ったものです[→P.081]。そうして集まった木片はただ建築素材としての素材的な価値以上に、それぞれが特異な由緒という文化的価値をもち、さらにはそれらを贈ってくれた人との具体的なつながりの記憶も内蔵するかたちで、小屋の各所に埋め込まれています。

スポリアをどう日本の今の世の中で展開できるのかと考えたときに、例えばポートランドのリビルディングセンターのような古材を仲介する業者などがあり、そこが設計者や工務店と具体的に結びついて取引をするということが一般的になっていけばいいのだろうとも思います。そういった実際の流通の現場があることでスポリアの価値は高まっていくのではないか。そのとき、設計者をはじめ古物を媒介する関係者らが、松浦武四郎のような人的交流の媒介としての古物の流動に意義を見出していけば、モノが物語を背負ってくることを担保できる仕組みになりそうだなと思います。

常山 ヨーロッパで古代末期にスポリアを行っていた人たちは、大理石だということや素晴らしい彫刻だという素材的価値を評価していたのでしょうか。それとも輝かしいローマからもってきたものだ、という文化的価値を見出していたのでしょうか。

加藤 それはたぶん両方です。やはり古代ローマ帝国とつながりたいという由緒を求めた気持ちはあったはずです。それと材そのものがものすごくいいものだからこの先まだ何百年も使えるという実利的な側面もあったでしょうね。

常山 クライアントにとても骨董が好きな人がいて、骨董品屋で買ってきた建具を使ったことがありました。その建具が以前はどんなところにあったのか、どの時代のものなのか、ある程度のところまでは読み取れると思うのですが、市場経済に乗ることでトレースできなくなる気持ちの悪さを感じました。スポリアもそうですが、モノへの愛着というのはトレーサビリティと関りがあるはずです。

加藤 そうですね。たとえば自分のおじいちゃんの家で使っていたものだとしたら愛着は湧きやすいですよね。

海法 ネットワークが大きくなればなるほど、簡単に最も必要としているものと交換できることに価値が置かれてきます。知り合いにもらうような、一番求めているものではないかもしれないけど一期一会で特別な価値といったものとは離れていく。どれくらいのスケールまでがつながり自体の価値観を維持できるかというクリティカルマスは考えるべきでしょうね。貨幣主義とか資本主義経済とかは便利なので、それとうまく付き合いながらも、本質の価値を与えながらものづくりができるといいですよね。

佐々木 仲介業者が危険だなと思うのが、例えば民藝のように、もとは個人の思い入れや土着的なものへの愛おしさが本質であったものが、仲介業者が勢力的に入ってきて、それに値段を付けて価値を高めていった結果、使い手の思い入れは背後に消えていってしまい、値段が高いことに価値があるというように転倒し本質が失われてしまう。また仲介業者が売りたいものという価値観の押し付けになっていて、愛着や生の痕跡といった使用者が自ら育んでいくものとはかけ離れた商売になっていってしまうのではないか。そういった回路に入ってしまうことへの危惧があります。

海法 その古道具屋的なところが扱っている部材や建具が、どの時代の何かということも重要ですね。例えば葉山にある有名な古道具屋は、もはや骨董品という年代物もたくさん取り扱っていて、古い木製の建具も大量にある。そういう店で扱われるものって、昔ながらの正統に価値のありそうなものばかりなんですよね。そしてそこにはここ2、30年につくられたある程度今の自分の価値観に近い建材は置かれないという壁がある。

佐藤 そこでは近代の工業住宅の部材をどのようにスポリアできるのかという技術的課題もある気がします。例えばアルミサッシを再利用したいと思っても、解体の際に枠はかなり痛んでしまったり、修復も木建具のように融通が利かない。さらに環境性能的にそのままでは再利用できるか微妙ですし、法的な制約もあります。そういった制度設計や技術検討を含め、近現代の部材の扱い方については考えていく余地が大いにあると思います。そうした部材も十分に扱えるようになれば、スポリア、リノベーションの幅がかなり広がる気がします。

都市規模でのリノベーション

常山 話はそれますが、先ほど佐藤さんが日本的スポリアの例として挙げた一畳敷は、寺院であるとか権力のある人たちの世界の話で

した。一方、庶民の生活の方に目を向けると、江戸では火事が起こると燃え広がらないようにみんなで家を壊していくという町の持続のさせ方をしていましたよね。そんな感じで、壊してなくなってもう一度同じ場所に建てるという軽やかさが、新築とリノベーションのあいだに存在している、そのことは日本の特異性だと思います。日本の都市はヴェネツィアなどとは全然違って、見た目がガラッと変わる面白さがある。それはやはり木造の都市だからだと思うんです。その面白さを、新築においてだけでなくてリノベーションでもやっていけたら、新しい建築のあり方が発見できるのではないかと思っています。

加藤 江戸の町で延焼防止で建物を壊した後は、燃えていなければまたその場で組み立てて使うわけですよね。木造というのは、解体してまたつくるということが、システムとしてうまくできています。私たちのこういった木造の文化を背景にして、RCのビルなども大胆に、インテリアの更新にとどまらない方法で再利用していけると面白そうですよね。技術的、法的な挑戦でもありそうですが。

常山 アメリカの都市社会学者であるリチャード・セネットは、ジェイン・ジェイコブズを引用し、過度にスペシフィックにつくられた近代都市のもろさを指摘し、よい都市空間の形成においては時間が場所への愛着を育てるといっています。広場や街路などの公共空間への愛着は日々の幸福感や安心感をもたらし、健全な生活環境には欠かせないものです。愛着は建築だけの問題ではなくて、より広い問題を孕んでいるという意味で、とても重要な視点なのだろうと思います。

佐藤 イギリスの都市計画ではパトリック・ゲデスがダーウィンの進化論から都市の形成を考えていったときに、そこで計画概念ではない既存の都市に対してどういう変容のかたちが起こり得るのかを論じていました。ゲデスはインドでもいくつかの都市で計画を残しています。インドというまったく未知の文脈のところに、外科手術的計画として既存のコミュニティがある地域において、劣化した建物を一部取り払い、そこに小さな広場をつくっていく手法で都市改良計画を作成しています。こういった既にあるものを組み替えていく都市計画というものが、どのあたりから起こったのかに興味があります。都市計画レベルで、既存の継承、読み解きということと新しい計画概念の折り合いの付け方には、歴史的に波があったりするものでしょうか。

加藤 都市の歴史というレベルにおいては、基本的には既存継承型で、むしろ面的な再開発というのは相当新しい時代でないとできなかったのではないでしょうか。ジョルジュ・オスマンのパリ改造計画ですら、直線道路を通したところは線状にスクラップアンドビルドしていますが、その直線道路沿いに新たにつくられた集合住宅とその背後にある既存の住宅をどう接続するかについては、けっこう丁寧に設計しているんですよ。つまり、大通り側から見るとスクラップアンドビルドの近代的都市計画の典型例に見えるわけですが、裏側を見ると前近代的なリノベーション的な手法が上手く行われていたわけです。

使用者の愛着と設計者の作家性

海法 加藤先生が愛着であるとか思い入れが大事だとおっしゃるのは、過去の二度の末期をそういったことで乗り越えてきたというような歴史的側面があるという理由もあるので

ジャック・ペトレの版画《アルルの円形闘技場、1666年の様子》

しょうか。

加藤 例えば最初に挙げた円形競技場に住み着いている例では、1000年が経過してもう円形闘技場という建物ではないのにもかかわらず、円形闘技場という名前が残っていたりします。名前が残っていると「うちは円形闘技場の中にあります」といえるし、それが古代ローマの建物だという記憶が実体として残る。今僕が例として挙げることができるのは、そういった現象面だけで、愛着について誰かが書いている文章のような一次資料は見つけられていないのですが。とはいえ、なんらかの実体と共に名前が残るというのは、とても強いですよね。

佐藤 城壁の転用といったことが行われたときには、当時の建築家と同様に住人たちもまたそうした文化的価値観をもって振る舞っていたのでしょうか。

加藤 古代末期の再利用では、個別の作品をつくった建築家の名前はあまり出てくることはなく、全般的な都市現象として現れてくるばかりです。しかし当然、専門家もそこに加わっていたからこそ、さまざまな再利用ができたはずで、住み手の要求と建築の専門家の考えが重なり合うことで、多様な再利用が実現したのでしょう。ということは、市民と建築家の価値観は分けては語れないと思います。そしてそのなかには、それをポジティブにやっているものと、経済的な制約から若干ネガティブにやっているもの、その両方があったかもしれません。しかし結果として、歴史のなかで長く残っているものは、たとえネガティブな理由だったとしても、いい仕事をすれば、その後も何百年も愛着を得て残ることができる、ということを示しているといえます。これは結果論でしか語れないのかもしれませんが。

先にも述べましたが、使用者の感覚や共感というものが、極めて大事になってくると思います。そのことと建築家の作家性といったものは、同時に評価することが難しい。そしてそれはある意味では仕方のないことだろうという気もしています。僕自身は建築ファンですが、必ずしも建築家の作家性を礼賛しようとは思っていない節があって、建築家にはいい建築をつくってほしいのであって、彼や彼女の作家性を高めることを目的にする必要はないと考えている部分もあります。建築における形式性を追求することは、おそらく作家性につながりやすい。形式とは白紙の上に描き出される思考の具現化であり、建築家の観念そのものだろうからです。白紙の上に絵を描くことは、更地で設計することと同じですね。一方で、物質性の側に寄ってリノベーションを考える際には、建築家が語るのと同じ強度で、モノ自身が語ることになる。作家性を無理矢理封じ込める必要はありませんが、リノベーションとしての成否は、その物質性の部分にかかっているといってもいいでしょう。

作家性を高めるために何をすべきかという議論は、リノベーションにおいては本質から乖離してしまうのではないかと思うのです。むしろどうやっていい建築をつくるのか。先に存在していた建物に新たな部分が加わることで、次の未来のリノベーションまで、再び長く愛される建築をいかにつくるのかというところに注力した方がいいのではないかなと思います。

常山 加藤先生がおっしゃるように、モノを主体にしていながら、形式や作家性を建築の本質とするのは何か違うと思います。一方で、建築の作品性はとても重要です。ひとつのストーリーとしてプレゼンテーションすることで、今まで気がつかなかった方法や知恵が社会に共有されて、新しい建築の可能性を生むからです。建築の作品性を高める作業は建築家として課されている気がしています。

海法 僕も作家性についてはあんまり興味がないです。ちょっと漏れ出ちゃうくらいならいいけど（笑）。僕はこれまで設計したものを説明するときに、極力、「記憶」や「愛着」という言葉を使わないようにしてきました。それが設計の具体的な対象になりにくいからというのもありますし、何かを曖昧にごまかしてしまう可能性もあるからです。

加藤 たしかに愛着という言葉だけを前面に押し出しても、それは使用者に対する押し付けのように聞こえてしまうかもしれませんね。僕自身は、愛着を誘発するために、マテリアリティに関する理論が必要になっていると考えています。

海法 設計者としては、愛着を生み出すデザインを言語化し、具体的なもののレベルでどのように落とし込んだのかという点を説明しないといけないのだろうと思います。愛着や思い入れということが大きな狙いとして抽象的に存在していることはいいことだと思うのですが、それを建築のデザインの話にしていかないといけません。一方で、今の時代は「愛着性」というように、計画性を逃れ得る要素を計画対象が積極的に抱え込む状況も求められているように感じはじめています。

（2018年10月11日、加藤耕一研究室にて）

座談会の様子。左から順に常山未央氏、海法圭氏、加藤耕一氏、佐々木高之氏、佐藤研吾氏

リノベーションの試合勘みたいなもの

佐々木高之（アラキ+ササキアーキテクツ）

建築は"見る"ためのものではなく、"居る"ためのものであってほしい。この思いを胸に、アラキ+ササキアーキテクツ（A+Sa）では事務所設立からこれまで、リノベーションの設計を積極的に行なってきた。もちろん、大きな新築の機会が少ないから小さなリノベーションの仕事に取り組まざるを得なかったという側面はあるが、ヒューマンスケールかつスピーディなリノベーションが好きだから、楽しく続けている。当初は建築の延長と考えていたリノベーションも、突き詰めればそんなに簡単なものではなかった。

リノベーションと建築は別のスポーツである

リノベーションは、持続可能な社会を目指す21世紀らしい建築行為として位置づけられるだろう。スクラップアンドビルドや新築至上主義といわれるような20世紀的価値観からの脱却を否定するような言説はもはや聞かないが、いよいよ脱却の実践＝リノベーションの実践となると、未だ皆が暗中模索の状態。今年になって「リノベーションも建築だ。若手はリノベーションしかできないことを卑下せず、建築として堂々と取り組めばいい」と若手建築家がエールを送られている場面に遭遇したことがある。若手の主戦場が肯定されることは大いに賛成であり、新築であろうが改築であろうが、そこに豊かな場や空間をつくるという創作の目的は同じなので、最終成果物の評価軸は同じでいいと思う。しかし、プロセスは異なるので、取り組み方は積極的に変えなくてはいけない。

新築とリノベーションは、スポーツにたとえると、サッカーとフットサル、バスケットボールと3x3、バレーボールとビーチバレー、テニスと卓球、くらい違う。フットサルはサッカーから派生したスポーツだが、サイズも時間も人数も道具もルールも違う。だから、当然ながら求められる技能が違う。大きな違いは、トータルバランスとデュエル（1対1の局面の強さ）のバランスである。当然ながらサッカーでもデュエルが重要ではあるが、サッカーにおける100m・90分というスケールでは、小さな局面よりもトータルバランスが最終的な勝敗を大きく左右する。一方で、フットサルにおける40m・40分というスケールでは、デュエルの連続となり、即座に得失点につながる小さな局面の積み重ねで勝負が決まる。

暗中模索しながらも継続してリノベーションに取り組んでいると、スポーツにたとえるなら試合勘みたいなものが見えてきたので、これまでの経験から得た「リノベーションの試合勘みたいなもの」についてまとめておきたいと思う。

リノベーションの日本デザイン史における位置づけ
―数寄屋と民藝に次ぐ逆理のデザイン―

私見を述べる前に、日本デザイン史におけるリノベーションの位置づけを考えてみる。新築至上主義のオルタナティブまたはアンチテーゼとして、古いものや荒いものが"逆に"カッコいいという「逆理」の発想が、現代リノベーションにおけるデザイン手法の出発点だ。逆理は、デザイン史において特に珍しいものでもない。

まず、400年前の「数寄屋」が逆理の思想であった。武士の社会から市民の社会へと価値転換が起きた江戸時代初期に、300年続いた書院造を崩すスタイルとして、数寄屋造が生まれた。形骸化していた書院造に、民家を参照した意匠で自由を与えたのが数寄屋造であった。現代リノベーションの代表作〈SAYAMA FLAT〉（長坂常、2007）と、数寄屋造の代表作〈如庵〉（織田有楽斎、1618）を比較してみると、SAYAMA FLATにおいてGLボンド痕まで見せてしまう躯体現しや木造作の裏面まで見せてしまう仕上げの発想は、如庵において壁下地である竹小舞を見せる下地窓・有楽窓や古半紙を仕上げに用いる発想と大変近いと感じる。いずれも、逆理の思想に基づいた崩しのデザインである。

もうひとつが、100年前の「民藝」である。近代マシンエイジに対するアンチテーゼであり、人間性の回復を求める思想の先にあった。これに近いアンチマシンエイジのムーブメントは、20世紀初頭に世界中で同時多発的に起こっているが、そのなかでも民藝は、第二次世界大戦前の日本の特殊な政治状況のなかで、日用品のもつ親しさや愛おしさにデザイン的価値を見出していた。

> 美術は理想に迫れば迫るほど美しく、工藝は現実に交わるほど美しい。美術は偉大であればあるほど、高く遠く仰ぐべきものであろう。（…）だが工藝の世界はそうではない。吾々に近づけば近づくほどその美は温かい。日々共に暮す身であるから、離れがたいのが性情である。高く位するのではなく、近く親しむのである。かくて「親しさ」が工藝の美の心情である。器を識る者は、必ずそれに手を触れるではないか。両手にそれを抱き上げるではないか。親しめば親しむほど、側を離さないではないか。あの茶人たちはいかに温かさと親しさとを以て、それを脣に当てたであろう。器にもまたかかる主を離さじとする風情が見える。その美が深ければ深いほど、私たちとの隔りは少ない。よき器は愛を誘う。
> ──柳 宗悦（『工藝の道』、ぐろりあそさえて、1928）

数奇屋も、民藝も、時代の変換期に逆理の発想から生まれた、人

間性を取り戻そうとする動きであった。1928年の東京博覧会の際にパビリオンとして建てられた民藝館は、建築界での評価は低かった。しかし、当時若手建築家であった堀口捨己は、下記のように感想を述べている。

> 私は民藝館の中に心惹かれるのは只ありし日の健康な素朴な工芸の本質が何処かに反映されている所にである。それは只反映しているのである。只反映ではあるが、見るものに偏した刺激強い現代の建築工芸界に何かを私語するのである。
> ——堀口捨己（「大礼記念国産振興東京博覧会を見て感想二題」、『日本建築士1928年5・6月合併号』、1928）

本質を見失い、見ることに偏した刺激の強い建築を讃え合う建築家業界の体質は、90年経った今も変わっていない。リノベーションは、数寄屋や民藝と同じく時代への反動として始まったが、ここ10年でかなり一般化してきた。オルタナティブ文化は、一度流行して一般化すると、本質が急激に失われてしまう。当初は時代への反抗であった数寄屋も民藝も、今ではうわべだけの数寄屋"風"和室に民藝"風"茶碗を飾ってステータスを感じる人がいる。リノベ"風"新築マンションなんてものが流行る前に、本質を抽出しておきたい。

リノベーションとは何か

荒野を切り拓き、海を埋め立てたフロンティアにゼロから構築することを純粋な新築とするならば、既存インフラや隣家といった人工的な周辺環境に大きな影響を受ける現代日本の建築は、ほぼすべてが（都市の）リノベーションであるといっても過言ではない。これを広義のリノベーションとすると、今この論考で扱いたいのは、マンション住戸や木造住宅の改築・改装に代表される狭義のリノベーションである。狭義のリノベーションと新築住宅を比較してみると、当然のことながら、決定的な違いは与件に既存建物が入るかどうかだ。リノベーションの設計においては、敷地に加えて既存建物を読み解く必要がある。

> 個人の思い入れこそ、再利用の出発点である。そのためには、「更地から考える」「取り敢えず壊してから考える」という態度を改めてみてはどうだろう。既存建物がそこにある、という状態を思考の出発点とするのだ。それは、古代末期の人々が、無用の長物となった円形闘技場を自然地形のように捉えたのと同じ態度である。（…）役立てられる強い構造を再利用し、美しい装飾や空間を再利用し、どうしようもない部分は取り壊せばい
> い。（…）「敷地」が建築のスタート地点なのではない。「既存建物」が新しい建築のスタート地点なのである。
> ——加藤耕一（『時がつくる建築 リノベーションの西洋建築史』、東京大学出版会、2017）

加藤耕一は、建築とリノベーションのスタート地点の違いには、「既存建物」だけではなく「個人の思い入れ」があるという。確かに、感情的な動機であれ、経済的な動機であれ、残したいという思い入れがなければリノベーションをする必要がない。残したいという思いからスタートしているので、当然ながら残し方が、重要なデザインファクターになる。昨今のリノベーションでは、新旧折衷による秩序の緩さを利用して、許容力のある空間を生み出す設計手法が多く見られる。機能にぴったりと当てはめられ凝り固まっていた形式が、少しほぐされてルーズになると、穏やかさ、優しさ、居心地のよさを感じる。我々もこのリノベーションらしさを活かして豊かな生活の情景をつくりたいと考えているが、新旧の関係性にリノベーションデザインの本質があるとは思っていない。新旧の関係性について、あえて"折衷"という言葉を使ったのは、和洋折衷の時代の建築家やデザイナーの言動を参照しているからだ。例えば、「綺麗に片付いてゐなければならないやうな、親しめない茶の間」は本当の茶の間ではないといった吉田五十八は、その和洋折衷の手法を下記のように述べている。

> （…）私が最も理想的だと考へてゐる茶の間の設計をお話ししませす。それは要するに団らん室と食堂とを不即不離の関係にする方法です。即ちいはゆる畳敷の茶の間に隣接した部屋は、茶の間より七寸程床を落として板敷とし、椅子式食堂とします。そしてその両方に部屋の間を唐紙にしておけば、茶の間に坐つた時の眼の高さと、食堂に腰掛けた時の眼の高さに甚だしい差がなく、間仕切（間の唐紙）をとつて、若い人は椅子で、老人は坐つて両方の部屋で一度に食事をしても、少しも変テコな感じがしません。それは二つといへば二つの部屋だし一つといへば一つの部屋なのです。これは古い家を改造する時に試みても割合簡単に出来ます。
> ——吉田五十八（『建築世界』、建築世界社、1936）

吉田五十八は和洋をモノの混ざり合いではなく、コト（＝ライフスタイル）の混ざり合いとして、自らの設計に取り込んでいる。和洋をモノとして混ぜ合わせただけでは、ただのイミテーションである。これに学べば、「新旧」のモノ同士の関係性が対比であれ融合であれ断絶であれ、そこに本質はないことは明らかだろう。ではリ

ノベーションデザインの本質はどこにあるのだろうか。

リノベーションの試合勘みたいなもの

リノベーション工事は、手で壊すことから始まる。RC造マンション住戸であれ木造戸建住宅であれ、躯体を傷つけないように、重機は使わず、内側から手で解体する。デザインプロセスにおいても、リノベーションではまず、壊し方と残し方を同時に描きながら内側から考えはじめる必要がある。それは、全体から部分へ落としていく一般的な現代建築のデザインプロセスとはベクトルが異なるが、近代前夜にアドルフ・ロースはこういっている。

> ところで建築家に与えられた課題とは、言ってみれば暖かな、居心地よい空間をつくり出すことである。そうだとして、この暖かく居心地よいものとなると、絨毯である。だから建築家は絨毯を床に敷き、また四枚の絨毯を四周に吊る。そしてこれが四周の壁となるわけである。しかしながら絨毯だけでは、とても一軒の家をつくることは出来ない。床に敷く絨毯にしても壁に掛ける絨毯にしても、そうした目的のためには構造的骨組みが必要となる。だからそうした骨組みを工夫するということは、建築家に与えられた第二の課題となる。
> ——アドルフ・ロース(「被服の原則について」、『装飾と犯罪 建築・文化論集』、伊藤哲夫 訳、中央公論美術出版、2005)

アドルフ・ロースは装飾自体を否定していたわけでなく、当時の建築家による本質を欠いた過剰な芸術的装飾やイミテーションを否定した。民藝と同じく、職人の手仕事や材料の無垢な表情による"再現性のある平凡さ"に美の本質を見出していた。そして、アドルフ・ロースもまた、空間を内側からデザインする建築家であった。

現代のリノベーションの本質を探るうえで、数寄屋、民藝、堀口捨己、吉田五十八、アドルフ・ロースの他にも、ウィリアム・モリスのアーツ・アンド・クラフツ運動、アリソン&ピーター・スミッソンのニュー・ブルータリズムなど、転換期に人間性の回復をうたったデザイン思想のなかに、リファレンスはたくさんある。これらに学べば、ライフスタイルの更新を目的とし内側から手で解体することから始まるリノベーションデザインの本質は、物質である家とそこに居る人との親密な対話づくりにあるのではないだろうか。つまり、ここに豊かな情景をつくるには何があるべきか、ここに居る人が心地よさを感じるためにはどのような素材に触れるべきか、ここに愛着を生むためには何を残すべきか、これらを考えることである。

そして、日本建築史において、大社造・大仏様といった神仏のための建築様式は、屋根や柱などの外観によって様式が定義されるのに対し、室町時代以降の書院造・数寄屋造といった武家(人)のための建築様式は、窓や棚などの内部の意匠によって定義されていることも興味深い。小堀遠州こそが日本で最初のインテリアデザイナーではないかといった三輪正弘は、インテリア・アーキテクトという名称を定義した。

> (インテリアデザイナーの職域の)そのひとつは、空間の設計を中心に据えて、室内のすべての部分を統合する指揮者としての仕事である。空間の大きさと、かたちについての基本的なこと、室内気候、採光・照明など、そこで生活する人間に必要な物理的・心理的両面からの総合的な判断をしていく立場である。この場合のインテリアデザイナーは、建築家の仕事を内側から進めることにもなるので、室内建築家(インテリア・アーキテクト)と言ってもよいだろう。
> ——三輪正弘(『インテリアデザインとは何か』、鹿島出版会、1985)

自称インテリア・アーキテクトである私は、空間を設計する際、俯瞰的な全体構成よりも、ヒューマンスケールな居場所や人に触れる素材を優先的に考える。特にリノベーションにおいては、人の振舞いやコミュニケーションを促すような仕掛けと、人の心を穏やかにするような親しい仕上げが重要であると考えている。この仕掛けを「アクティベーションティップス(Activation Tips)」、仕上げを「ハンズオンマテリアル("Hands-on" Material)」と定義しておく[→P.077]。そして、これらをどこに施すべきか、"リノベーションのツボ"を熟練の鍼灸師のように見つけることが、新しく求められるデザインスキルとなる。これが、私自身がこれまでのリノベーションの経験から得た試合勘のようなものである。

まとまりのないエッセイとなってしまったが、トータルバランスよりもデュエルを重視するリノベーションらしいテキストとしてご容赦いただきたい。我々のように若い時分にリノベーションに積極的に取り組んだ世代は、今後、大規模建築・都市へとスケールを上げたときも、リノベーションで培ったデュエル(=ヒューマンスケール)に強いデザインができるはずである。そう信じて、リノベーションを楽しく続けたい。

窓+デイベッド

階段+ベンチ

間仕切り壁+コーナーラウンジ

コラム1
アクティベーション ティップス
Activation Tips

形骸化した住宅の諸要素を見直し、既存建物や周辺環境のポテンシャルを活かしながら「場を活性化させる部分的な仕掛け」を施すことが重要であると考える。全体をコントロールしきれないリノベーションにおいては、俯瞰的な全体構成の見直しよりも、部分的要素の活性化による内側からの再構成が有効である。リノベーションにおいては、トータルバランスよりもデュエルが、そこに居る人の心持ちを豊かにする。

例えば、窓を拡張してみる。隣りの公園に向けて、幅・高さともに一間（1,820mm）で奥行きが800mmほどの大きな出窓を設け、下端を床から400mmの高さとする。それを、リビングの床と同じナラの無垢材で仕上げる。そうすると、ここは、ベンチにも、子ども用デスクにも、デイベッドにもなり、家族の情景を生み出してくれる。ここで重要なのは、これが"窓辺のソファ"ではなく"窓の一部"であることだ。動かせる家具ではなく、建築の一部と直接触れ合うことで、身体と空間が一体化する。この感覚が、家を愛おしく思う気持ちを生む。民藝の研究者として知られる哲学者・鞍田崇は、待庵を訪れた際、心地よい衣服を纏っているような感覚を覚えたという。それは、椅座では得られない空間体験であり、畳に腰を落として初めて味わえる感覚なのだと思う。

コラム2
ハンズオン マテリアリル
"Hands-on" Material

モクタンカン

薪ブロック（新素材開発事例）

新建材を組み合わせるだけの仕上げを見直し「手の温もりを感じる素材感」を大切にしたいと考えている。特に住宅のリノベーションにおいては、日々の日常生活の場であるため、手に触れる素材の影響力が大きい。経年変化によって、生活の肌理といえるような豊かな表情を醸し出してくれる素材をできるかぎり用いたい。また、木柱に背比べを刻むように自ら手を加えてもいいと感じられる素材は、家への親しさを生んでくれる。

我々A+Saは「"Hands-on" Approach（手で思考する）」を設計手法として、事務所内に併設した工房でモックアップ制作・素材研究・仕上げ施工・家具製作までを行なっている。ある団地の住戸リノベーションにおいて、単管システムを使った収納棚をデザイン検討した際に、金属性の単管パイプは住宅内で使うには硬く冷た過ぎるため、金属パイプを木に置き換えた。今はこれが「モクタンカン」という商品として流通している。リノベーションのおけるひとつのアイデアから、再現性のある平凡さにより、商品化できた事例である。仮設足場の資材として広く普及し拡張性の高い単管システムと規格を合わせることで、クランプなどの豊富なパーツをそのまま使えるようにした。やわらかさ、温もりを感じさせる手触り、そんな木の魅力を活かしながら、さまざまな空間や場面に応じて、簡単に好きなかたちに組み立てられる。現在は、公共空間や店舗などを中心に、幅広く利用されている。

群れる工作の可能性について

佐藤研吾（In-Field Studio）

工作という言葉には2つの意味がある。小学校の授業の図画工作のように、物体を作る工作。そして、何らかの目的達成のために計画を練り下準備を行う、和平工作のような工作。後者は政治的なニュアンスを除けば、企図、すなわち計画を推し進めるために活動あるいは運動することを意味するだろう。「大衆に向かっては断乎たる知識人であり、知識人に対しては鋭い大衆である」と"工作者"という存在を表現したのは、かつてのサークル村の思想的中枢にいた谷川雁であるが、今やネットで誰もが発言し、さまざまな言葉と情報が溢れかえる状況では知識人と大衆の区別はもはや難しく、またどこまで意義があり得るか分からない。人々を2種に隔て、その狭間を行き交う自己分裂としての工作ではなく、この小論では工作という言葉の2つの意味のあいだ、作ることと、運動することという2つの次元を束ねる試みをしてみたい。

モノをアクティブにする

インド・西ベンガル州のある森のなかに、陶芸家と建築家の夫婦が暮らしている。工房が併設された彼らの家は、洞窟のような、アリの巣のような、なんとも形容できない独自の質感に包まれている。住人のひとりであるビジュト・サルカル（Bidyut Sarkar）さんはその家を周辺の村の人びと共に建てた。家は竹で組まれた構造体に竹と木で下地が編まれ、その上に分厚い土が塗られている。家の周辺でシルト質の土を採取して、村人らの家づくりと同じように作られている［→P.080］。

ビジュトさんに、この家を作るにあたって重要なことは何かを尋ねたところ「いかに壁をアクティブにするか」という答えが返ってきた。彼は地元の大学の壁画科を出たあと、建築家になった。そのキャリアがこの家づくりにそのまま投影されている。つまり、彼が描く壁画、あるいは塗られる装飾は、決して抽象的なキャンバスの上で描かれるものではない。あくまでも下地としての壁、構造体自体から着想を得、下地を尊く想い、そしてその下地の特質をより引き出すように、新たな要素を付加し、下地を覆い隠す。

擬人化されたモノとの対話ともいえる、彼の「壁をアクティブにさせる」実践は、日本の円空聖人の立木彫りや石窟寺院のような、モノの内実に聖性あるいはアニマを視る、物質への治療的な姿勢を備える。一方で、円空仏や石窟の所作が物質に対してマイナスの介入であるのに対して、ビジュトさんの壁づくりは構造体に土を塗るというプラスの介入である点で異なる。そんな既存物を起点とした生物的増殖へ向かう想像力の径は、中世・近世社会の人びとの想像力が生み出した「付喪神絵巻」あるいは「百器夜行絵巻」に描かれる、ニョッと手足を生やして勝手気ままに遊び回る愛嬌ある道具たちの群像にも通じるものだろう。

モノの「遊び」

目地が「笑う」、継ぎ目が「笑う」という言葉も、建築の世界ではよく使われる。目地がゆるみ、継ぎ目が広がったという意味だ。
「笑う」のは悪いことだろうか。不合理なことだろうか。
地震などで力が急に加わったとき、目地は「笑う」。
長年、風や雨に晒されてきたとき、継ぎ目は「笑う」。
「笑う」のは建物が生きているからだ。
——松山 巖（『建築はほほえむ 目地継ぎ目小さき場』、94頁、西田書店、2004）

「笑う」という言葉は建築界隈では寸法的な隙間を意味する。おそらく材と材のあいだが空いているのがまるで口を開けて「笑って」いるようだったからそんな形容語が生まれたのだと思われるが、そんなモノの状態を、人の動作を指す言葉で表現することに可能性を見てみたい（ちなみに「笑い目地」の反対語は「眠り目地」）。

材間の隙間をとることを「遊ばせる」、「遊びをとる」ともいう。これらの同様の状態を示す言葉たちの、肩肘抜いて楽しそうな感じは一体何であろうか。「遊び（あそび）」という語は「すさび」とも読み、ことの成り行きに身を任せた、気まぐれな状況を表す。先に引用した、地震や風雨によって継ぎ目が「笑う」建物は、逆にいえば継ぎ目が「笑う」ようになって、隙間が生まれたからこそ、あるいは隙間=「遊び」があったからこそ、倒壊を免れ、生き長らえる。そして、新たに生まれたその隙間を調整する介入の余地も同時に生み出す。修理、補修という、ある種、場当たり的で即応的な作業は、ヒトが建物に近づくための具体的な実践だ。目地が「笑う」、「遊ぶ」ことでヒトは建物に触れ続けることができる。「笑い」と「遊び」は、その大きさが揺れ動く微細な変化、"経年"という時間性を備えたモノの所作である。

木造においては時間と共に木が痩せて、胴差しは緩み、打ち込んだ楔は抜けていく。けれどもまた叩き直し、あるいはバラして再び組み立て直し、ときには材を入れ替えればまた締まる。道具も同様である。玄翁の柄はケツを叩いてヒツに頭を入れ直し、場合によっては楔を打ち込んでやる。緩んできたら、バラしてまた調整し直す。日頃使う道具はそんなふうに調整可能なモノが望ましい。どうやったら組み立てられるか、バラせるかが分かる道具は自分で直すことができるモノ。見た目は決して洗練はされていなくとも、過去の作り手あるいは使い手の痕跡が辿れるモノ。かつて、"民具"と呼ばれたのは、そうした日頃の無数の道具の群であった。

アチックに集められた物を概観して不思議に感ずるのは、多く集れば集るほど、それが、ある統一へ向かって融合していくと同時に、そこには単一の標本の上からは見出せない、総合上の

一種の美を感ずることである。（…）アチックのものは、一つ一つには随分と汚らしいものが多いが、集るにつれて一種特有の内的美を感じるのは何故であろうか。
——渋沢敬三（「祭魚洞雑録　アチックの成長」、『渋沢敬三著作集　第1巻』、16頁、平凡社、1992）

アチックとは屋根裏の意味で、渋沢敬三邸内の物置小屋の屋根裏のスペースを指した。アチックに集まったモノたちは群を成すことで、その共有される価値が浮上して見えてくる。渋沢の民具、あるいは玩具へ向けられた可能性は、そうした広大な無数のモノたちの群景にあった。その点において、一つのモノに対して美学的な価値判断を試みた柳宗悦らの民藝運動とは大きく異なる。アチックの活動は、限られた数のモノを並べ、その有限な、けれども複数ある物体たちから、生活、および生活を支えた技術という人間の工夫、有形無形の総合を遠視しようと試みていた［→P.081］。

ヒトとモノの限界

有限の領域から境界の外を眺め見る試みは、民具学の構築なる研究活動にとどまるのではなく、モノの創作においても実践される形式である。

> （…）おお朋だちよ　いっしょに正しい力を併せ　われらのすべての田園とわれらのすべての生活を一つの巨きな第四次元の芸術に創りあげようでないか（…）
> ——宮沢賢治（「農民芸術概論」、『宮沢賢治全集 10』、24頁、筑摩書房、1995）

宮沢賢治が指揮した花巻の羅須地人協会では、農作業や肥料設計等の農業指導という実践に加えて、「農民芸術」理論の講義、さらにはレコード鑑賞会や童話朗読会、エスペラント語や楽器指導といったさまざまな領域の活動が試みられ、個人の内実におけるそれらの共存が図られた。個人というある有限の可能性を探求したのが宮沢賢治の農民芸術であった。鶴見俊輔が、宮沢賢治の活動を含んで限界芸術というものを「それぞれの個人が自分の本来の要求にそうて、状況を変革してゆく行為として」捉えたように、宮沢賢治のそれは限られた個人の生活変革への希望があった。

個人性、あるいは個人の内にこそ全体を育もうとする教育運動は、機械産業が発達し、国民国家が形成され、世界的大戦が始まろうとしていた20世紀初頭の世界各地で勃興していた。ある種、当時の文明の発展と表裏一体であり続けた不安感、共時的な時代の転形の顕れでもあっただろう。同時期に始まった、近代建築の祖とされるバウハウス初期、つまりワイマールでのモホリ・ナジらの基礎教育では、いくつかの限られた素材を用いた、幾何学をベースとする立体造形を作ることが試された。素材の質感、量感に感応する個人の才質を引き出そうとするものである。それは、すべての人間に才能がある、という個人性に対する信頼であり、裏を返せば、限られた素材と有限の人間の才質の掛合せによって広大な発展の可能性を得ようというものであったともいえる。そしてそれは、人間と技術の規格化へと向かう工業デザイン黎明期の泡沫の一形であった。

「農民芸術概論」で幾度か登場する「第四次元」の領域への志向は、同時代に発展したアルベルト・アインシュタインを筆頭とする近代科学の成果に感応した、宮沢賢治自身の想像力の拡張の兆しであり、農民生活という半ば長尺な時間性への興味であろう。生活に基づく芸術をめぐる宮沢賢治の言葉には、科学と個人的才質の融合が断片的に、かつ直感的に現れ出た。農民生活という実際的で生身な実態と、人間の五感では感知し得ない異次元を夢想するにはいささかの隔たりがある。が、その隔絶さ、有限性からその彼方を志向しようとする、想像力拡張の意欲こそが、確実にその運動を運動たらしめた因子となっていたのではないか。アチックという限られた空間から広大な技術世界の地平を眺めようとする渋沢敬三の視座に、ここで接続する。

アマチュアな日常から

再び、はじめのインドのビジュトさんの家づくりに戻りたい。彼の壁を「アクティブ」にする実践は、新たな要素を与える彼自身の構想力が必要であり、「アクティブにさせる」という思考と具体的なかたちのあいだにはいくらかの飛躍が必要であるが、重要なのは、彼は「アクティブ」になった壁の具体的なデザインは描かず、彼の手によってではなく、共同者である村人たちによって最終的なかたちが与えられていくことだ。「壁との対話」なる個人的感覚は、村人たちによる複数の手を介することによってその共同作業の極めて具体的な指針となる。そして、壁をアクティブにさせるという命題は、その命題の半ば投げやりさゆえに、村人たち作り手自身がどうするか、どのように作るべきかを考え工夫する余地、つまり「遊び」を与え、作り手自体も「アクティブ」にさせる、労働の喜びをもたらす共同性の起爆剤として作用していた。機械産業が本格化する近代社会において、労働の喜びがかつてあったというイタリア中世を論じたのは、イギリスのジョン・ラスキンであるが、労働の喜びとは、創作への熱中、熱狂的な態度、すなわち、アマチュア的感性ではなかったか。アマチュア（= amatuor）とはいわゆるプロフェッショナルに対置される言葉ではなく、本来は熱狂者（lover）の意を表すラテン語amourを語源とし、物事への傾注さ、熱狂性を表す言葉であるという（つまり"アマチュアとしてのプロ"はむしろ然るべき存在である）。

ビジュトさんと村人らによる壁づくりにおけるアマチュア性の担保は、その壁を「アクティブ」にするという命題によるものだけで

コラム1
ビジュトさんの家

[左]ビジュトさんの工房。奥に大きな窯を見る。主構造である竹に分厚く塗られた土壁には凹凸が適宜作られ、小さな収納となっている
[下左]リピさんの陶芸の作品。皿に孔のあいた脚のようなものが付き、立ち上がっている。動物か植物か、もしかするとこの工房の模型かもしれない
[下右]竹で組まれた下地の面影を若干残しつつ造形がなされている。下部には小棚が据え付けられている

家に併設された工房には焼き物用の大きな窯があり、もっぱら彼の妻で陶芸家であるリピ・ビスワス（Lipi Biswas）さんが使っている。リピさんが作る陶芸の作品はとても可愛らしい。お皿から生き物のような足が生えていたり、ポツポツとした穴があいて、ボトボトと分厚い釉薬が塗られていて、今にも動き出しそうなかたちと表情である。ビジュトさんが壁画と建築を作り、リピさんは陶芸を作る。作るもののスケールは違うが、土という共通する素材を扱っているのだ。彼らが一緒に暮らしはじめたのも土という素材が同じであったかららしい。そしてその土は、周囲に広がる森の中で入手でき、近くの村でも同じように使われている。

彼らが住む母屋は、じつはもともと建っていた民家に手を入れたものだ。既存の柱に土と漆喰を塗って、同じく塗り直した床や新たに据え付けた

石の机と、表面はシームレスにつながっている。基本的に裸足でその土の床を歩いて生活をしているので、そして彼らはどちらかというと小柄なので、なんと既存の高さ100cm程度の高窓を彼らが出入りするドアとし、その窓の下枠の高さに合わせて新たに上階の床を作って屋根裏のような寝室としている。その床はヤシの木を挽いた板材で、表面をやすり、目を潰すことでヌメっとした艶やかな質感を備えている。もちろんヤシの木も森の中で入手できる素材だ。

はない。彼らが用いた素材、つまり、彼らにとって馴染み深い現地調達の土を使った作業であったことも重要であったはずだ。彼らが普段自分たちの家をつくり、修復するときと同じ素材と技術を使うことで、日常生活の延長として、ビジュトさんとの共同があった。自分の家を自分でつくり、直す彼らの生活、家と人間が限りなく近い距離で触れ合う日常［→P.081］は、現代の我々にとっては輝かしい特殊になってしまっているかもしれない。しかし、そんな専門非専門の職業的分類を馬鹿げたものにしてしまうような彼らが使いこなす日常語の発話の如きモノの創作姿勢を、建築プロジェクトのなかへと引き入れた、その周到かつ直感的な建築の作られ方に大きな可能性を見たいのである。

ヴァナキュラーとは、建築界隈ではバーナード・ルドフスキーのMoMAでの展覧会に際して組み上げられた、土着で匿名な建物や風景を形容する意味として使われることが一般となっている。が、本来的には言語学的な「母語（＝mother language）」を表す。その土地に生活する人びとにとっての馴染み深さを示す。つまり、ヴァナキュラーが指すものとは、アノニマス＝匿名としては決して隠蔽され得ない、確かにそこに住む、特定された具体的な人間たちの存在があってこそ成り立つ所作であるはずだ。ビジュトさんらの家づくりはまさにその意味でのヴァナキュラーなものとして考えられないか。

ビジュトさんは自宅の工事を終えた後は、村人らと共に設計施工のプロジェクトをやりにインド各地へ出かけている。彼らはいくらかの道具だけを携え、鉄道に乗って移動し、現場で材料を探して建築をつくる。ギルドとしての複数人の作り手が、場所と反応していくその様は、行く先々の森で掘り出された数多の円空仏の群景に再び重なるだろう。建築をめぐる人間とモノが具体的であればあるほどに、彼らと彼らが作るモノの往復運動は絶えることがなく、その運動の束はより分厚いものになるに違いない。

工作の群れ、工作を群れさせること

この小論のなかで巡ったいくつかの先例に共通するものは何か。それは、作ることと運動することの両輪を併せもって奔走する姿である。そして、作られるモノと作る人の複数性である。マニファクチャーとしての生産原理とは異なる原動力（それは人がモノに触れたときに生まれる想像力、有限のモノを見つめて無限に拡張しようとする夢想する力であったりする）をもって、複数の人とモノが寄り集まり、作ることと運動することを続ける。群れて工作すること、複数の工作を群れさせること、群れることでできる工作を試みること。それは新たなかたちとしての共同体（あえてこのステレオタイプな単語を使うのは、筆者自身の過去への憧憬である。けれども過去の形式あるいは手法の参照ではなく、憧れという自分自身の想像力を保持するのを意図して使っている）が生まれる起因にもなるだろうし、共同体があり続ける根拠を生み出しもするだろう。

筆者もそんな群れのなかに入って、あるいは群れを作ることで建築を続けている。そして、建築の設計であれ、家具の制作であれ、調査研究であれ、それらの作業が冒頭に述べた2つの意味、作ることと運動すること、としての工作となるよう試行を続けている。

コラム2
有限な物体から遠視する

渋沢敬三のアチックのように、日本全国から部品を集めて一つの小空間が作られた特異な例を紹介したい。明治初期に活動した探検家であり蒐集家の松浦武四郎が終の住処として作った「一畳敷」である。松浦は江戸末期の当時の蝦夷の踏査を行い、「北海道」という名前を付けたともいわれている。現地のアイヌの人びととの民俗についても精緻なスケッチを残し、明治初頭に新たに国名・郡名を制定する際にもアイヌ語の地名を参考にするなど、アイヌ文化のよき理解者であった。さらには北海道にかぎらず生涯を通じて全国を遊歴し、各地の名峰という名峰を踏破した近代登山の先駆けでもあった人物である。

そんな松浦が晩年になって、旅先で出会った知人に手紙を送り、数年をかけて全国の古刹霊社のいわれある建物の古材を求め集めた。それらを部材として使い作ったのが一畳敷である。その差掛けの小空間には全部で91の木片が散りばめられ、板縁を巡らせた一枚の畳を取り囲んでいる。その一畳の間で木片を眺め、触り、居ながらにして松浦は時間と距離を超えて日本中を旅することができたのだ。彼にとって一畳敷は壮大な情報を内蔵する倉庫であり、極小で有限な場所から世界を遠視することができた。そうしたモノがもつ情報、すなわちすべての木片部材の由縁は『木片勧進』[→P.071]という一冊の彼の著書に詳細にまとめられており、それを読むことで、彼以外の人もその情報世界を追うことができる。物体と、その意味の領域を取り結ぶ本というメディアの可能性を考えるにおいても非常に示唆に富んでいる。

コラム3
家と人間が限りなく近い距離で触れ合う日常

インドのベンガル地方に居住するサンタルの人びととの暮らしは、限りある環境の中での無限の工夫に満ち溢れている。彼らが住む村の近くの森には良質な土が取れる泥切り場がある。それはコワイ（Kowai）と呼ばれる独特の地形によって生まれている。雨季乾季の季節の激しい移り変わりによって川の筋が毎回移動し、川が通った跡は4〜5mほどの深さで削られ、底にはシルトに近いきめ細かい粘土が堆積している。村の人びとはそこから土を自分の家の中庭へ運び、飼っているウシの糞を混ぜて家の壁の材料を作る。家の壁を作るときには、型枠も何もなしに、そのまま土を塗り、積み上げていく。およそ40cm積んだところで仕事をやめ、1週間から1カ月ほど乾かして固め、またその上を作るそうだ。なので一つの壁を作るのに1〜2カ月ほどはかかる。土の壁が立ち上がったら、その上に別種の砂と色粉を混ぜた漆喰に近い材料を薄塗りして仕上げる。ときにはさらに土を重ねて凸凹を作り、造形もする。仕上げの色や模様は家ごとに、壁ごとに異なり、彼らの村の風景を彩る。その技術や、デザインの工夫は、基本は彼らの先祖由来のものである一方で、村人たちがビジュトさんのような近隣の芸術家、創作家らの作業の手伝いをするなかで学び取ったものでもあるらしい。ちなみに粘土の下地壁は男の仕事で、仕上げは女の仕事であると村では一応決まっている。屋根葺きは男の仕事で、先ほどの床塗りは女の仕事でもあるらしい。家のなかでそれぞれの領分が何となく定まっている。

彼らは家のどこかでいつも小さな補修作業、あるいは土塗りによる掃除をしている。朝食が終わるか終わらないかの時間で、彼らは毎日家の土間の床を掃除する。水と土、そして釜場から出た灰汁を混ぜ、箒か布でそれをすくい取って土間に薄く塗っていく。その塗る手の軌跡が土間にテクスチャーを残し、乾くとかすかな波形を描き出す。毎日掃除をする彼らの家にはゴミはほとんど落ちていない。壁も床も土でできているので、泥を塗っていく掃除は住居の補修にもなっている。彼らの生活のなかで、家づくり、あるいは家直しは字のごとく、「家事」のひとつであるようだ。

[上]コワイ（Kowai）という独特の地形。森の中に点在しており、この場所から粘土を採取して家の材料としている
[中]すでにある壁の端を基点に地面から調達した土を塗り重ねていく。ここで道具は使わずに素手で土をすくって練り付けている
[右]中庭の床の塗り直し。布に土に灰を混ぜたものを塗り付ける。彼女の手の振り幅で床の表情が決まってくる

動いている建築
常山未央（mnm）

庭づくりのような気分

建築は動いている。改修の仕事に関わるようになり、都市と人の営みを建物を介して微調整しているうちに、建築が都市のなかで流動的に動いている感覚をもつようになった。それは船や車が移動する動くとは違い、ドアが開閉するという意味での動くとも違う。生命の体内に酸素を取り込み、分解してエネルギーとし、排出する、そんな活発だけど目に見えない、けれど着実に成長している、そんな動きだ。

私たち夫婦が住みながら改修している〈西大井のあな〉は、倉庫を併設した3世代のための住居だったが、6人いた住人が2人に減ってしまい、生活にフィットしなくなった建物を引き継いだものだ。それを私たちの住まいと事務所にするために、ほとんどすべての間仕切りと天井仕上げを取り壊し、各層の床に小さな「孔（あな）」を開けたひとつながりの空間とした。引っ越してからしばらくは1階のシャッターを取り外したままの開口部から外気が吹き込む状態だったが、1年経ってようやく窓が付き、断熱をして事務所として使えるようになった。それでも当初のプランに達するまで、まだまだ3合目くらいである。日々壊しっぱなしのスラブの断面や垂れ下がる電気ケーブルを見ながら、ふたりであれこれ話し、どうつくっていくか考えている。日によって考えが変わることはしょっちゅうで、建物の捉え方も変わっていく。私たちにとってこの建物は、日常的に向き合い、随時手を加えていく、環境に順応して成長するものである。すでに当初のプランから逸脱してしまった状況を考えると、変化は途切れることがないのだろうと少々途方に暮れながらも、気軽に構えている。このプロジェクトには竣工という概念がない。人の営みや、熱の流れ、風の通りやすさ、周辺との関わり方に合わせて変わり続ける。変わることを許容しているので、長い目で見ると、建築が動いている。大まかな骨格をもちながらも植物や土壌が移動し、変化し続ける庭のようだ。

『SD2017』に掲載されたSDレビュー2017の審査評のなかで、審査員の一人だった乾久美子さんが以下のようにある作品を評していた。

> （…）若い人のなかには、建築を庭のようにつくりたいというか、庭のようにどんどん手入れをしていくことと建築を近づけたいという気分がある。それは分かります。ただ結果として、それを建築として判定する基準ができていません。

評された〈真鶴出版2号店〉[→P.097]も西大井のあなと同じように低予算のリノベーションプロジェクトで、小さな気づきの寄せ集めでかたちづくっているようなところがある。乾さんのいう「気分」にリノベーションに関わる多くの人が共感できるのではないかと思う。そして「庭のような」つくり方に懐疑的な多くの人たちもまた、乾さんと同じように捉えどころのなさを感じているのではないだろうか。リノベーションは多義にわたるが、すでにある構築物を現在棲息する人びとに合わせてつくり変えていくのは、大地という既存のモノを使って植生と造作物をつくっていく庭に近いところがあるように思える。ここではその「庭づくりのような気分」の所在を考えてみたい。

微生物への気づき

造園家の高田宏臣さんが管理するダーチャフィールド[→P.085]に出合ったのは今年の5月にあるイベントに参加したときだった。藁でできたコンポストトイレや発酵液タンクの並ぶ小屋があること以外は一見よくある気持ちのいい雑木の森のように見えたので、それが高田さんたちの手によって再生された環境だということは思いもよらなかった。

河岸段丘のへりであるこの場所は7年前まで篠竹で覆われ、ゴミが不法投棄された荒れ地だったそうである。高田さんたちが土中環境と水脈を改善するための造作を要所に施し、たった5年程でここまで環境が再生したのだ。地面に深い穴を掘り、雨水を誘導しながら土中に空気と水を送り、谷地へ降りる斜面の要所を垂直に切り、地中を流れる水に酸素を含ませてまた潜らせる。小屋の軒下に沿って雨落ちを掘り雨水を浸透させ、風呂やキッチンの排水は枯れ枝と枯葉のしがらみを詰めた深い竪穴に流し浄化させる。小屋の基礎は地中に打った焼杭に木の根を誘導して強度を得る。ダーチャフィールドの芝生はくるぶしまで伸び、歩くとふっかふかで、5年前に植えた苗木は8m近くに達し、枝葉が生い茂り涼しい日陰をつくっていた。植生も高木、中木、下草と多様で、湧き水は透き通っていた。枝や根は小屋を邪魔せず、植物と建物が空間を譲り合っていた。

案内のなかで高田さんは微生物という言葉をしきりに使っていた。土中での小さな生物の働きが植物の生育と土中の水質を保っているというのだ。健全な土壌では菌糸が張り、土が孔隙を保ち、保水力と通水性を併せもつ団粒構造をつくる。菌糸とは健全な土中環境において草木根をつなぐさまざまな微生物のネットワークであり、広域地形全体に広がり情報を伝達しているそうだ。それは地中の水質にとっても健全な土壌環境にとっても、ひいてはその上で生活している私たちの生活環境に相互に欠かせないということを初めて知った。私たちの生活は見えない微生物の働きに支えられているのだ。

共生するヒト

ダーチャフィールドにある小屋の、竹の小舞を組んで藁を混ぜた土壁や葉枯らしによって乾燥した木材には、微生物が仮死状態で構造

*1 デイビッド・モンゴメリー、アン・ビクレー 共著、片岡夏実 訳、『土と内臓―微生物がつくる世界』、築地書館、2016

*2 エドワード・O・ウィルソン 著、狩野秀之 訳、『バイオフィリア―人間と生物の絆』、平凡社、1994

を保っているそうだ。そのようなモノのなかにある見えない菌類微生物の働きを知ると、日本に古くから伝わる、モノに宿るよろずの神というのは本当にいるのかもしれないと思えてくる。私たちの身の回りにはさまざまなものがあり、それらと共に生きている。ものを書くのを助けてくれるペンや机を手入れし、風雨をしのいでくれる家を掃除しながら生きている。

　生物が密接に共同しあるいは一方がもう一方のなかで生きることを共生という。私たちヒトは最古の生物のひとつである古細菌と細菌が合体して原生生物を構成したときに始まっている。その原生生物がさらに共生関係を結び、その後動物や植物の先祖となった。微生物の共生が私たちのような多細胞生物の元になっているのだ。この進化過程を提唱した生物学者のリン・マーギュリスは微生物の進化を、異なる形態の生物が上へと積み上げられていくブロック玩具の過程にたとえている［*1］。多分にもれず人体も複雑に積み上げられた無数の小さな生物でつくられている。最近では、菌類が人体を利用して生存していることや、生物の生命維持や健康に微生物の働きが欠かせないこともマイクロバイオーム研究などで注目され、がん治療などに活用されている。そしていうまでもなく植物や他の生物との協力関係はヒトの生存には欠かせないものであり、生物との共生は体内にとどまらない。つまり、私たちは他者との共生を前提にしているのだ。

感覚的ものさし

建築がいくら美しく、眺めがよく、心地よくできたとしても、そのために地形が過剰に削られ土中環境を壊し、さらにその残土が捨てられた場所の環境を壊していたら、私たちはもう、その建築のなかで暮らしても幸せとは感じないのではないだろうか。私たちは今、世界中のさまざまな情報を瞬時に目にする環境に暮らしている。環境問題や貧困問題、紛争の問題は常にニュースとなっている。自らの生活の一端が、どこにどのように影響を与えているか、知りたくなくても分かってしまう。そのような環境下で、自分が疲れない程度に周りの他者に気を配り、皆がある程度幸せでいる状態を心地よいと感じるようになってきているように思う。私たちは他者と自らの境界の曖昧さを受け入れはじめているのだろう。

　高田さんの手入れの基準は、自分が疲れない程度。芝は刈りやすいところで刈る。篠竹もときどきサッと風がさらうように摘んであげる。植物や微生物の力に委ね、その状態を読み取り、手間がかかるものは思い切って介入する。枝を剪定するくらいだったらその木は切ってしまうそうだ。そこからお互いに無理をしない多種共生が可能になる。

　高田さんは5月のその日、千葉県に建設予定のメガソーラーの建設が広域地形へ与える甚大な被害についても話をしてくれた。「15haの谷を、建物10階分埋め立ててつくられたメガソーラーは、土中の環境を壊してしまい、そうなると、再生不可能になる。同じ太陽光パネルでも、屋根の一部にちょこんと載っているのはかわいい。自然への介入は"かわいい"と思える程度なら再生可能だ」。"刈りやすいところで刈る"、"風がさらうように摘む"、"疲れない程度に手入れする"、"かわいい程度なら大丈夫"。高田さんの話のなかには環境と共生するためのものさしがたくさん散りばめられていた。高田さんのように土壌環境に精通した専門家らしからぬ、感覚的な判断基準である。だが、そこには地球環境のなかであらゆるものと持続的に共存していくためのキーワードが隠されている。建築の設計においても、既存の建物や材料、土地と向き合い、その履歴や特性を読み取り、それらが気持ちいいように、しっくりくるように、それらと人の営みが無理なく共生できるように感覚的なものさしに従って調整するところがある。

　このような感覚的なものさしは私たち人間のもつ内的・身体的傾向と関係している。私たちは生物と生物でないものを見分け、他の生物に関心をいだく。生物学者であるエドワード・O・ウィルソンはこの傾向を「バイオフィリア」［*2］と呼び、人間の生得的な本能に根ざし、適応の過程に組み込まれている偏向であるといっている。さらに住む環境が最低限のレベルをひとたび超えると、今度は身の回りの環境を表面的に改善するために多くの時間を費やすようになるという。私たちは人間の生得的な審美的判断基準、感覚的なものさしに従って、棲息環境を「より住みやすい」ものにしようとする性質を生まれ持っているようだ。

時間と多感覚

既存の建物の再利用や、古材の再利用、特別な材料の転用など、モノや場所の来歴を残す建築のつくり方が人びとを惹きつけるのはなぜだろうか。

　実在の建築では、そこにあるにおいや音、見える風景や抜ける風、空気の湿り気などが多感覚を刺激し、不快感や、心地よさへとつながっている。さらに、その空間に至るまでにたどった経路、建設の背景など、その建築に付随するストーリーへの情緒とも分かちがたく関係している。その経験が複雑で多様であるほど、その空間は私たちの理解を超えて、美しいという感情を湧き起こす。優れた建築を実際に訪れると、写真で見るそれよりも、美しく、壮大で、感情へと訴えかけてくる原因はそこにあり、建築がローカルと切り離せない理由もそこにある。建築のデザインにはそのような多感覚に訴えかけ、感情的な反応を引き出す可能性が潜んでいる。そして時間を重ねれば重ねるほど、多感覚に複雑に訴えかける建築となっていく。長年の人の生活や、つくり手の当時の思い、その場所がかつてどんな経緯で開拓されたのかなど、モノや場所に内在する時間を読

*3 マルクス・ガブリエル 著、清水一浩 訳、講談社、2018

*4 BS1スペシャル「欲望の時代の哲学〜マルクス・ガブリエル 日本を行く〜」、2018

み取る能力が人間にはある。建築に関わり日々モノや地形と向き合っているとなおさらその感受性は研ぎ澄まされているはずで、それを建築のデザインを通して引き出していくことで使い手の多感覚に一層訴えかけることになる。

都市の生態系を形づくるローカル

『なぜ世界は存在しないのか』[*3]で一躍哲学界のスターとなったマルクス・ガブリエルはNHKの取材 [*4] のなかで何かを統括するような全体性（世界）というのは存在せず、細胞と細胞が結合して新たな生体構造をつくるように、「すべての構造はローカルにある」と語っている。それぞれの部分は自由であり、部分が重なり合うことで構造となる。ローカルにおける構造が全体をかたちづくるが、全体を統括するものは存在しない。ダーチャフィールドで高田さんが物理的に手を加えたのはごく一部であるが、その改変は環境全体に大きな変化をもたらした。全体をコントロールしようとしない謙虚さが高田さんの庭づくりにおいて私が共感するところであり、それはローカルな構造である微生物が積み上げられて成る私たちヒトのあり方とも似ている。

私たちは建築をひとつの単体つまり全体と捉えて設計するようなところがある。それに統一性や全体性をもたせないと居心地が悪い感じがする。それが建築によく働くときもあれば、それが奇妙な制約として働いてしまうこともある。しかし、微生物が私たちを形成しているように、環境は部分が積み上がってつくられていて、小さな部分が、建物単体よりもはるかに広い環境に影響を及ぼすと考えると、全体に対する見方も変わってくるのではないか。

時間を重ね、使い手の痕跡が残りその場所に何十年も建ち続けてきた建物はすでに建物の外へ広がる生態系のなかに身を置いている。西大井のあなの外壁はもとから鮮やかな黄色をしている。色が目印になり、道路側に入口をもたないこともあって、路地の奥に住む人と向かいのマンションの人は皆この建物に寄せてタクシーを止める。クロネコさんも生協さんも周辺に宅配するときは皆ここに一時駐車して荷下ろしをする。そんな訳で道路側にある植え込みにゴミが投げ捨てられ、一日の終わりにはタバコの吸い殻が4、5本散らばっているのは困りものだが、毎日1階の事務所の窓辺で仕事をしていると、この建物がいかに生態系の一部となっているか分かってくる。建物単体はすでにほぐれてしまっている。

西大井のあなで各層に開けた小さな孔は、私たち夫婦の新しい営みを都市の生態系とつなぐための初めの一手である。建物のボリュームに比べると孔はごく一部であるが、空気をつなげ、音と気配を

伝え、光を落とし、孔がもたらす影響は建物全体、さらに周辺へと広がっている。すでに生態系に身を置き、輪郭が曖昧になった建物に手を加えるリノベーションは新しい使い手とネットワークのつなぎ直しの作業だ。ネットワークは発散していて全体像がないので、設計者が全体を統括することはできないが、要所を見極め、手を加えることでよりよい環境を目指す。ちょうど庭師が要所に手を入れて水脈と菌糸のネットワークにつなぎ直すように。その作業がより豊かな生態系をつくることを、そして結果的に心地よく、使い手が美しいと感じる空間となっていくことを、私たちはリノベーションの現場で幾度となく体感している。

動いている建築

庭づくりでは、植物の特性によって根を張る時期、葉を広げる時期、花を咲かせる時期、場所によって日当たり、風通しが違うため手を加えてよい時期も異なる。庭全体よりもずっと広範囲の地形と水脈や気候と風土を頭に入れながら、庭の要所を必要な時期に、適した方法で改変・造作する。時期を見ることと、手入れを続けることが前提なので、工期はあってないようなものだ。西大井のあなでも、住んで使いながら体感し、観察と手入れを繰り返している。最近寒さが耐え難くなってきたので、太陽熱で温めたお湯を引き回すか、ペレットストーブにするか悩みはじめた。今年は猛暑だったので、北側の空地のコンクリートをはつって土に戻し、クールスポットとなる庭にしようと思っている。子どもが遊びに来ると、孔の周りの手すりをどうするか考える。引っ越してからはたくさんの人が遊びに来てくれて、ああしたらどうだ、こうしたらどうだとアドバイスをしてくれて、デザインの可能性の多様さに気づかされる。この建築に対する意見もそれぞれで、建築がもち得る多義性にも驚かされ、そのたびにまた細部のデザインや、建物のあり方について思いを巡らす。私たちにとって、この建築は、他者との共生であり、住まい手や環境に応じて動いて変わっていくものである。そのような密やかだが確実な動きの許容を初めから含んでいるのが「庭づくりのような気分」である。植物が成長し、季節ごとに表情が変わる庭づくりにおいては時間の概念が含まれている。高田さんの庭づくりにはすべてをコントロールせず、そこにある植物や微生物、水や空気などそれぞれの力に委ねることが庭全体の美しさにつながるという信念が根底にあるように感じた。私もまた、庭のように動きある他者と共生し、成長し変化する、動いている建築に儚く何にも代えがたい美しさを感じている。

ダーチャフィールド
菌類微生物が働く庭づくり

千葉県千葉市土気の河岸段丘のへりに位置する雑木の森である「ダーチャフィールド」は、高田宏臣さんが主催する高田造園が管理し、劣化した環境の再生を行いながら、環境にまつわるイベントに使われている。庭づくりの方法があまりにも目からウロコだったので、ここで紹介したい。

河岸段丘のへりは水と空気の通りがいいため建物が長持ちし、生産性が高く、縄文時代には人口の9割が住んでいた良好な土地である。台地の上には芝が茂り、南北に走る段丘の斜面には豊かな雑木の森が広がり、谷地に水が湧くこの2,000坪の土地は、数年前まで荒地だったそうである。

この場所に足を踏み入れてまず驚くのは、芝生がくるぶしまで伸びてフカフカなことだ。もとは乾いた土がむき出しになり砂塵が立つ状態だった平地に、2本の溝を掘った途端に野生の芝がついたという。この溝は、高低差をつくることで水と空気を一緒に土中に誘導するための造作。芝は刈ることで伸び根の成長が止まって細根が細かくなり、土に水が染み込み、土は柔らかくなる。芝を刈るのは上っ面を風がさらう程度。毎日8tトラックが通っても、柔らかな土がクッションとなって芝は痛まず、人の足も疲れない。

芝生に面して立つ調理小屋の外周には、幅30cm、深さは20cm程度の雨落ちがぐるっと掘ってある。溝のなかに枝葉のしがらみを設け、その隙間に菌類微生物を増殖させ、その働きで水を浄化している。しがらみをめくると白い「菌糸」がびっしり張り巡らされていた。森で見たことがある白い筋のようなものだ。この菌糸が土中空間ではさまざまな働きをしている。

ここの土はぎゅっと握るとスポンジのように縮み、手のひらに湿り気が残る、250μから1mm程の団粒構造をもっている。適度な空隙があり、毛細管現象が働き、保水力と通水力に富む。その構造が壊れた土は潰れてカチコチのただの重量物となり、水は表面を流れ、土砂災害や水害をもたらす。今年起こった西日本豪雨も土中空間への配慮がない林道や砂防ダム、鉄塔などの造作によって山が劣化したことに原因の一端があるという。この団粒構造を保つのに一役買っているのも、菌糸の絡みなのだ。

生活排水や排泄物もここではインフラにつなぐことなく、竪穴のなかの枝葉のしがらみを通ることで菌類微生物が浄化してくれるそうだ。排泄物はコンポストトイレで、籾殻と土で分解し炭で消臭していて臭くない。土壌の菌類微生物が働いていれば、谷から湧く水から大腸菌などは検出されない。浄化がうまくいっていないと、虫がわいたり周囲の植物が弱るので、それを見ながら穴の場所や排水の量、使う洗剤を変えればいいという。

フィールド内にある木造の小屋は大工さんの協力を得たセルフビルドで、基礎は杭打ち構造でつくられている。深さ1mの炭化させた松杭の上に布石を置き、そのあいだに藁を詰め込む。1cmほど炭化させた松杭の表面は多孔質で、そこに空気と水が保たれ、菌類微生物の住処となる。そこから菌糸が伸び、周辺草木の根を導き、やがて根が絡んで家屋下の空間を支えるそうだ。さらに、土中の菌糸のネットワークが木々に情報を送り、軒の邪魔をしないよう枝を広げるようになる。菌糸のネットワークに接続することによって建物も生態系の一部として共存しているのである。

この土地を管理しはじめた当初は、斜面には廃棄物が捨てられていて、低地では泥が詰まり、赤水が出て汚臭が漂い、蚊とハエが大量にいたそうだ。これらは土中の水と空気の流れが滞り、微生物のバランスが崩壊することで特定の菌類やバクテリアが異常増殖している場合に見られる現象だという。これに対して高田さんは斜面の一部を垂直に切り落とし小さな水穴をいくつも掘って段丘の地下水を一度空気中に表出させ、現れた水の流れに沿っていくつか竪穴を掘って空気に触れた水をもう一度地中に送りこむよう造作した。水質は改善し、今では透き通った沢に植生が茂り、真夏の炎天下でも心地よい風が抜ける環境になっている。コンクリートやU字溝で水脈を土中から切り離してしまうと、菌類微生物の浄化作用と触れられず、水は腐敗し、土中の水の動きが遮断され、地中の多孔構造が壊され土壌が降下することによって土壌微生物のバランスが崩壊してしまうという。今でも台地の上の住宅地の影響で放っておくと泥が詰まってしまうので、2年に一度ボランティアの力を借りて泥を掻き出す作業をしているそうだ。

また、斜面の一部は背丈が2.5〜3mある篠竹の藪に覆われていたという。そのような状態を放置したままでは自然の森のような多様な植生に戻るのはほとんど不可能であるが、人間が力任せに刈ったとしてもイタチごっこに終わる。植物は「群落」しているので、ファクターを絞るとうまくいかないのだ。土中環境が健全になり環境が整うと、多種共存になり、篠竹も自然と減っていったそうである。南側の斜面には以前の持ち主が植えたスギとヒノキの林があるが、ヒノキやスギの葉は殺菌作用があるので落葉すると微生物を殺してしまう。他の植物が混じした多様な環境であれば問題ないが、単純化されたスギとヒノキの森では他の生物は育たない。戦後の助成金が後押しした材料生産のための林のかたちである。単純化された環境をより早く雑木の森の環境に戻すため、ここではパッチ状間伐を施している。5、6本まとめて伐採して大きなスペースをつくり、そこに大きな穴を掘り、中央に盛り土をして広葉樹の苗を植える。高低差をつけることで地面の中で水が動き、1〜2年で樹高2mにまで成長するそうだ。はじめに植える高木は、風雨にさらされ、日差しの照り返しを受けても耐えしのぐ、その土地の自然環境にある樹種を選ばなくてはならない。ここではカシ、シイ、クヌギ、ナラ、サクラ、ヤマグリなどである。

このような健全な土壌づくりと植生は奥行き45cmの都会の庭でも十分可能だという。ちなみにダーチャとはロシアの家庭菜園のことで、ロシア国民のじつに7割が週末には郊外にあるセルフビルドの小屋に泊まり、農園を耕している。ロシアではジャガイモの9割が自給されているそうで、飢饉でも暴動が起きず、安定した社会の源となっている。一人ひとりが自分で生きる力をもつことは自立性を獲得することである。森としてはまだ最高の状態ではないというダーチャフィールドだが、短い時間でここまで再生した環境の力は驚くべきものである。高田さんはここで、私たちがその力に触れ、環境と共存するさまざまな知恵とそれを読み取る感度を取り戻すきっかけを与えてくれている。

炭化させた松杭の基礎構造について説明する高田さん

団粒構造を持った土。団子状になっており、湿り気がある

地下水を空気に晒すための傾斜地の掘削。そこに複数開けられた小さな水穴

木の根にびっしりと張った白い菌糸

くるぶしまで伸びたふかふかの芝生

雑木の斜面と谷地に広がる湧き水

風呂の排水を浄化するための竪穴。編み込んだ枝葉に張る菌糸

菌糸の構造を持つ土壁とパッチ状間伐の大きな開口

定遊動

海法 圭(海法圭建築設計事務所)

希望の原理

正直なところ、新築やリノベーションという言葉の響きに食傷気味だ。様式化しつつあるデザイン。ついつい発生する新築、リノベの二項対立[01]。建てない時代をみすえたモノかコトか、というこれもなんだか二項対立な議論。リノベでは建物のボリュームを美しく変更するのは難しいし、予算の都合で表層をなでる程度のデザインになりがちだ。外部にお金を回せず内外のデザイン論理が乖離してしまう。表層の操作やインテリアをいじるだけで人の生活は本当によくなるのだろうか、という漠とした不安。これは過渡期に特有のそわそわ感なのか、のちに失われた20年と呼ばれる過渡期のように見える何かなのか。

それを解き明かすことは難しいが、リノベーションにまつわる丁寧な議論をすることで、リノベをめぐる希望の原理を見つけることが本稿の目的である。

リノベの射程

感触としては、リノベーションは新築を概念としては包含しているといってよい。ある全体に対して部分を更新することがリノベであれば、新築はまちのリノベであるとしたうえで、その全体性をいかに定義するのかという視点から掘り下げられる。コンテクスチュアリズムは、全体性を、計画しきれない敷地近傍や違う次元の文脈に広げたという意味でこの発想に近い。また、リノベといえど、部分的に配置していく材料自体は結局新しいという事実や、廃材のみを利用した新築もあり得るという事実にどう向き合うか、という物体の新旧の視点からアプローチすることもできる。予算的に解体してスケルトンにすることも難しい場合が増えてくるから、スケルトンとインフィル[02]も解像度を上げて考える必要がある。加藤耕一氏の『時がつくる建築』におけるスポリア(部材転用)は、スケルトン・インフィルの曖昧な関係性だけでなく、歴史的に見てリノベと新築の関係性が転覆し得ることを、より確かな感覚として示してくれる。

北山恒氏は「TOKYO METABOLIZING」において、「現代の東京が生命体のように変化し続けるのは、細分化された土地所有によって変化しやすい都市構造をもつため」と東京の土地や社会制度になぞらえて新しいまちづくりの可能性を示唆した。それは何かの新設や住宅の新築がまちをリノベしているというまちづくりの再解釈の可能性と捉えられる。と同時に、東京に限らず日本のまちの構造自体が、敷地や建物一棟という単位が先行する強いシステムや新築信仰から容易に抜け出せぬことも示している。

150年の近代化を経て、都市や社会のシステムは柔軟性を失い、その影響は僕たちの生活やまちの風景にも影響を与えている。数年前に参加した「おおきなまちのちいさなリノベ」展では、柔軟性を失った社会の一側面が顕著に現れている都市の部位「コモン・ピース[03]」を見つけ出し、それらを柔らかくする方法を提案した。「ちいさなリノベ」のちいささは建設工事の規模を指しているわけではなく、成長の時代に生み出され、今は上手くまわっていない部分に、優しく柔らかい手法で部分的に介入し、少しずつ改善していこうというリノベーションの特徴が現れた形容詞である。または、イデオロギーが喪失し成長から脱却し人

[01] 二項対立の外側

僕らはついついものごとを二項対立化して、その断絶した2つの価値を顕在化させたり、反対にその融合点に価値を見出そうとしたりする。グローバルとローカル、アートとデザイン、インテリアとエクステリア、インターナショナルスタイルと地域主義、リノベーションと新築、モノとコト、挙げだすと切りがない。でも、その融合点は常に変容し続けるし、ある程度の融合をなしたあとにそれと対をなすもう一つの概念が現れることになる。いや、新しい言葉はそうそう簡単に生み出されないから、正確にはその対の言葉自体は残り続けるのだけど、それらが指し示す内容がじわじわと変化し続ける。僕らはその概念を覚えながら、忘れながら、同じ二項対立の図式で前とちょっぴり違うことを議論し続ける。まあ、そう考えると確かに便利だが、人間はそもそもハイブリッドである。今回はそのような二項対立を便利に活用しながらも、対の外側にはみ出ている部分に目を向けたい。

[02] スケルトンとインフィル

100歳のアンティークの時計を見たときに、盤面以外は、ベルト、針、ケース、ゼンマイに至るまですべて時代時代で新調され続けていて、100年間残っているのは文字盤だけだった、ということがある。長い時間軸のなかでそのものの全体性はどう定義されていて、そのものがそのものであることはいかに証明されるのか、というアイデンティティの視点からも語ることができる。改修された建物のアイデンティティが守られたらリノベーションであり、アイデンティティを喪失したらそれはもう新築ではないのか、みたいな話だ。

[03] コモン・ピース

企画立案・制作全般を担当した「おおきなまちのちいさなリノベ」展(2016年9月2日〜10月29日、AGC studioにて開催)において、リノベーションのもつ射程について問うた際に提示した言葉。ここでは展示冒頭のテキストを引用したい。
「私たちは、リノベーションとは一体何なのかを考えることからスタートしました。毎朝カーテンを開ける行為はリノベではないのか。日の当たる窓辺に植木鉢を置くことは? もしかすると建物を新築することも、まちにとってはリノベといえるのではないか。(…)かくして私たちは街を歩き回り写真を撮り、その風景を分析することにしました。リノベーションを通して柔らかさを取

口減少を控えたこの社会に偏在する民主主義的な力の弱さを言い換えたものでもある。このちいさなリノベと、その対をなす大きい動きはどちらも相互補完的に存在し尊重されるべきであり、そのために、さまざまな次元のリノベを横断しフラットに扱える方法論の確立とリノベーションに対する仔細な視座がより一層必要になるだろう、と展示では結論づけた。

誰かのものだけど、誰のものにもなり得る場所

終戦以後、法整備や管理社会の発達により圧倒的に少なくなった「誰のものでもない場所」。

代わりに、「みんなの場所（パブリック）」と「誰かの場所（プライベート）」の強烈な二極化が生じた。土地私有制による私的領域の占有と、その残地としての公的領域である。家の中の生活は秘匿化し、一歩外に出ると自由な振舞いが許されない空間が増えた。

そんななか昨今は「誰かのものだけど、誰のものにもなり得る場所」が増えつつある。シェア、地域社会圏、家びらきなど、特定の所有者がいる場所を他者とのつながりに活用する流れである。所有者や運営者がいることで、より個人の裁量で他者とのつながり具合を細やかに選択できる状態が生まれている。

全体性、半静止画の集まり

次に全体性の話をもう少し掘り下げたい。人間は建築を体験したときに、その建築をどのように理解しているのであろうか。

ウォルター・リップマン氏が『世論』（「世界大思想全集」河出書房新社、1963）のなかで、疑似的環境について述べている。人間は現実の世界を反映させた疑似的環境をその頭の中に形成しており、それが現実世界の行動に影響を与えているというわけだ。このときの疑似的な環境というのは果たしていかなるものなのか。疑似的環境のもつ像という点においては、少々乱暴な仮説であるが、いくつかの曖昧な画像のようなもの[04]が、画像以外のあれこれとシニフィカシオンな関係を保持しつつ、その総体で成り立っているのではないか。

ある人の思い描く建築の総体が、曖昧な半静止画の集合体であるのなら、そこには多分に疑似的環境が織り込まれている。そしてその静止画の種類と数によって僕らの建築に対する印象はかたちづくられていると思われる。一般的に、その数が多いほど、また一枚一枚のスケールや風景の構成要素など、印象が異なるほど、その建築の総体を豊潤と感じたり、もしくは一枚だけが比類なく強い印象を与えることも考えられる。

全体性という近代の幻／全体性の能動的喪失

ここにきて、そもそもなぜ一つの建築をある一つの総体として認識しなくてはならないのか、という建築の全体性に対する根源的な問いが生じる。別にここで、一人の作家として承認されるために自律した全体性を獲得しなくてはならない、というマズロー的作家論に展開するつもりはない。僕が指摘したいのは、全体性

り戻せそうな場所『コモン・ピース』を探し出そうとしたのです。」

[04] いくつかの曖昧な画像のようなもの

建築雑誌の一作品の掲載写真数を数えてみたことがある。ぱらりとめくった雑誌の年代に偏りがあることはことわっておくが、一作品あたり9〜15枚程度の事例が多かった。iPhoneでInstagramを見てみると一度に画面内に認識される画像は9〜15枚。認知心理学の先駆けとなったジョージ・ミラー氏の提唱したマジカルナンバー7は、人間が短期記憶で覚えられるものの数（正確にはチャンク）の限界が7±2であると示している。7という数字自体の妥当性は議論の余地はあるとして、一つの対象をまとまりとして認識するときに、人間はマジカルナンバーより少々多い程度の情報量を欲しているのか、そういう情報量を与えるようにメディア側がハックしているのかは定かではないが、いずれにしても建築を体験し理解するときに、その建築をその程度の画像の総体で記憶のなかにかたちづくっているように思われた。またその画像のようなものは消失点がずれ、その時どきで鮮明と不鮮明が入れ替わり、図と地が変化したりするだろう。ある一瞬を切り取ったものではなく、前後の時間帯を少し含んだような半映像、半静止画のようなものだったり、一部が3次元かレイヤー状になっているかもしれない。

[05] 人格という幻

精神病理学者の鈴木國文氏は、今が、変容する社会に自在に添うしなやかさが求められる多動の時代であるならば、精神医学の世界では次の現象が符号するように現れたと述べている。多重人格を示す解離という概念に積極的な意味が見出されはじめた1980年代頃に、精神医学から無意識概念が消えつつあり、人格というものの重みもまた薄れていった、と指摘している。無意識という概念が生まれたのは20世紀初頭の社会が人格のまとまりを確たる前提としてからだったのではないか、人格という一つの人間を示すまとまりは、近代の装置が最盛期を迎えた時期に人類が夢見た幻であったのではないか、というわけだ。

[06] 全体性に対する疑義

バーナード・ルドフスキーの「建築家なしの建築」やクリストファー・アレグザンダーの「パタン・ランゲージ」など、疑義は以前よりあった。昨今で分かりやすい例は

に対する信頼が揺らいでいるのではないかという点だ。精神病理学者の鈴木國文氏は、今が、変容する社会に自在に添うしなやかさが求められる多動の時代であるとしたうえで、人格という一つの人間を示すまとまりは、近代の装置が最盛期を迎えた時期に人類が夢見た幻であったのではないかと述べている［05］。

これは昨今の建築の状況にも符号するのではないだろうか。近代は一つの人格がつくる一つの全体性を確たる前提としてきたが、そのような認識しやすい全体性に対する疑義が前景化しているように思う［06］。

小規模なリノベーションが多い今の時代に、作り手として、この既成の豊潤な全体像を受け手に提供することはそれなりに困難を極める。総体を生み出す構成要素が少ないため半静止画の数量、規模、大きさともに小さく、印象に残りにくいからである。

それに対して作り手はいくつかの対処法［07］をもち得るが、ここでは「建築のなかで一つの半静止画として認識されるものを可能な限り小刻みにして数を増やす戦略A」を見てみたい。Aの特徴は建築の規模が小さいゆえに、全体性を豊かにすべくチャンクを増やすと、逆説的にその総体の一貫性を保持することが難しい点だ。この難しさと、先ほどの一つの全体性に対する懐疑とがあいまって、むしろその一貫した全体性をより能動的に消失させる動き［08］が起こりつつあるように思う。

定遊動／定住と遊動のあいだ

ここで多動という、西田正規氏の提唱する定住革命を少しばかり紐解きたい。西田氏によると、人類史における農耕は定住とともに始まったのではなく、定住せざるを得なかったから農耕が始まったのだという。人類誕生を400万年前としたとき、定住を始めたのはたかだか1万年前である。定住をしいられた原因として、気候変動とそれにともなう動植物環境の変化を挙げている。人間の肉体的・心理的・社会的能力や行動様式は、遊動生活に合わせて進化してきたものであったのを、定住化はその能力も様式も新たに編成し直すことになった革命的な出来事であったようだ。また、西田氏は定住革命について、人類は「逃げられる社会」から「逃げられない社会」に転換したのだ、とも述べている。

この逃げられる逃げられないという基準は、現代社会に漢と疲弊する人たちにとって、大変興味深い表現に映るはずだ。遊動生活をやめて高度に定住化し、豊富なストックを不動の資産として所有した現代の人間は、じつはさまざまなかたちでもう一度遊動的状態を生活の端々に取り入れようとしているのではないか、という仮説が浮かんだ。

2016年に実施された第8回人口移動調査［09］によると、ここ20〜30年で移住する人数に大きな変化はみられない。東京都の回答比率が少ないのは気になるが、「移住」＝住民票を移す、という定住を大前提とした移動形式で考えると、大きく状況は変わっていない。また、世界的に見ても、遊動民が減り、定住民が増えるという流れが今のところ自然である［10］。

集合知やワークショップなどといったプロセスに工夫があるもの、ソーシャルデザインなどデザインの対象が異なるものなどである。

［07］豊潤な全体像構築への対処法
建築家が取り得る手段はどのくらいあるだろうか。思いつくものとして、建築のなかで一つの半静止画として認識されるものを可能な限り小刻みにして数を増やす戦略Aと、数を増やしたうえで全体の定義を狭める戦略B、全体性の定義を問い直してそれを広げる戦略C、全体性の議論からそもそも降りてしまう戦略Dの4つがある。

［08］能動的に消失させる動き
これは多動という社会に呼応するように、全体性を能動的に喪失する必要が生じつつあるという可能性の指摘である。

［09］人口移動調査
2016年に実施された第8回人口移動調査によると、「5年前の居住地が現住地と異なる人の割合は22.4%で（中略）人口高齢化などにより、ここ10年間は鈍化の傾向にある」という。

［10］定住化
2年前にモンゴルで、大地は自分のものであり、みんなのものである、という考え方に触れた。国民の9割が遊牧民であったモンゴルも、いまや国民の約半分が首都ウランバートルに定住する東京を超える超集中状態となっている。理由の一つはグローバル資本主義の圧力等で進められた土地私有政策である。

同じように狩猟民族も減少している。人類は、遊動を前近代的、定住を近代的と捉える一方的な価値観に基づく近代化の方法しか見つけられていない。

［11］小さい交通
大野秀敏氏は『〈小さい交通〉が都市を変える』（共著、NTT出版、2015）のなかで、近代社会が追求した大きい交通［遠く、速く、大量］に対して、小さい交通［近く、ゆっくり、少量］の必要性を指摘している。小さい乗り物だけでなく小さい取引も含めて〈小さい流れ〉と表現したうえで、自動車郊外における高齢者や子ども、経済的に自動車をもつ余裕のない世帯などの弱い個人や地域が、将来の移動の自由や生活のサービス、基礎物資

しかし、この統計が取りこぼしている生活のかたちが生まれつつあるように思う。ここで定住と遊動の二項対立から抜け落ちた第3の状態として「定遊動」という言葉を挙げてみたい。「定遊動」とは、ある場所への定住を前提としつつも、生活上許容される範囲内で自らの所有、所属、所在の実態や感覚を細やかかつ頻繁に遊動させようとする運動を指す。定遊動は交通という短期的な時間軸における流れ［11］ではなく、もう少しだけ長い時間軸での人間の場所的移動や、自らの所在を分散させ軽くする働き方や生き方［12］のことである。

例えば［12］の例に挙げたシェアは、近代に離れ過ぎた人同士の結びつきに対して、もう一度ゆるやかなつながりを求めている現れと考えることもできるが、見方を変えると自分の所在や所有を軽やかにしているともいえる。どの時期に誰とつながりたいか、という時間軸でシェアを眺めると、今のところ一般的なビルディングタイプとしてのシェアは学生時代、独身時代、オフィスワーカー、高齢時代など同属性のペルソナがほとんどを占める。また明確にシェアという冠言葉をもたぬビルディングタイプでも、例えば空港や駅は同じ目的をもつ人たちと空間をシェアしている。学校では友人と教室を、高齢者施設ではラウンジを、近隣の住民とは集合住宅の廊下を、街中では道路をシェアしている。シェアは空間的シェアではなく、時限付きの時間のシェアにその主眼がある。空間の共有形態が現代的というよりも、定遊動に適したすぐに関係を切断できる軽やかな結びつきのあり方が現代的なのである。「誰かのものだけど、誰のものにもなり得る」ことはその時限の調整やつながり自体の切断を軽やかに行える条件なのである。

身繕いの作法

リノベーションは誰かのものだったものを違う何かにする行為だ。身を軽くして、時間を刻むことで所有を交換に近づけて、自らの所在、所属を分散化して、「誰のものにもなり得る場所」をつくりながら、変化に対応しやすい状態を保つ。先人たちがお金と労力をかけてつくり上げてきた豊富なストックが十分に用意されているからこそ、そこへの定住を前提としながら、ちいさな遊動を志向することが容易だ。確固たる全体性は定遊動の軽やかさを阻害し得る。僕たちはさまざまな方法で小さな逃げ方の開拓をしているのかもしれない。

ひるがえって作り手側は、全体性に固執する気配がない、定遊動のための身繕いを設計対象として扱う機会が増えていく。リノベーションを通して定遊動のための身繕いの作法を開発している。しかしこれを短絡的に小規模、短期的、単発的な設計を繰り返すことと理解するのは、近代の行ってきた一元化と同じ穴の狢のようにも思う。今は日々流動する世界を相手に、フライパンの扱い方ひとつで料理の味が変わるという手のひらサイズのものごとから、日々生活するまちがどうなっていくべきかというまちなみサイズのものごと［13］までを、どちらも等しく大切な、ひとつながりの出来事ととらえて活動するという態度が定遊動に根ざす意識と重奏するのではないかと考えている。

を健全に確保するために、今は〈小さい流れ〉に肩入れする時期である、と述べている。

［12］定遊動の例

例1：シェア／本文中で触れていないモノのシェアについて。あるものを所有する時間を短くすることであるともいえる。メルカリはCtoCで中古品を売買するシステムだが、じつは何も所有してなくて、常に交換をしている感覚に近いだろう。最近の子育て世代は赤ちゃん用品、衣服等の一過性の必要品を買わずに知人に譲っていく例が多い。家庭内を飛び越えたお下がりが行われている。所有する期間が短期であると、所有ではなく必要に応じて交換するというシェアの感覚に置き換わっていく分かりやすい例である。

例2：多動的な働き方／リモートワーク、パラレルキャリア、ライフハック、マルチベース、コワーキング。堀江貴文氏の「多動力」は変動する社会に対応していくため「いくつもの異なることを同時にこなす力」。自分の身体をどこにどれだけ所属させたいかという感覚に呼応するように、働き方に変化が起きている。暮らしたい場所に仕事をつくり、住居をもたずホテルを転々とする生活を送る人もいる。

例3：小さくなる住居／3畳間の賃貸が人気という。終電で帰って寝るだけの生活を、自宅を軽くする生き方。カプセルホテルの再興も同じ。

例4：イエ化するスペース／それ自体が観光目的地となるライフスタイルホテルが増えている。執務以外の過ごし方を充実させたオフィス。サードプレースであることに特化した時間制本屋、カフェなど。

例5：所属の複数化／大人の部活動、社会人の教育サービスなど、家と仕事場以外のコミュニティに所属する流れ。住む場所以外に貢献するふるさと納税。

例6：拠点の複数化／2拠点居住、週末住宅、都内にセカンドハウスを所有するなど。

例7：賃貸資産としての持ち家／永住拠点としてではなく、ライフステージごとに家を変えて賃貸資産にする考え方。

［13］まちなみサイズのものごと

数年前にモンゴルで提案した「遊牧経済圏構想」は遊牧文化を尊重した欧米、日本とは異なる近代化の可能性の提案である。グローバル社会において、近代化を迎える地域に対する新しいまちづくりの提案も重要である。

座談会2 他者との対話とつくる寛容な建築

乾久美子、能作文徳、海法 圭、佐々木高之、佐藤研吾、常山未央

——乾さんは昨年のSDレビューで審査員を務められ、「新しい装飾への危惧」というタイトルの審査総評のなかで、「〈西大井のあな 都市のワイルド・エコロジー〉に期待を寄せていたが、設計という次元での評価は難しかった」「コトづくりや改修という要素は設計を華やかにするトレンディな装飾でしかないのか」という批判をされていました。そのことから話を始めて、建築家の立場から考える新築とリノベーションの差異や、リノベーションの可能性、といったことを見定めていきたいと思っています。

西大井のあなへの審査評の真意

乾 一次の書類審査の時点で、西大井のあなは抜群に美しいプレゼンテーションで、とても感心しました。また、作品の評価そのものを自分たちでもう一度つくり直す意気込みを感じ、入選作に推薦しました。

そもそも建築は何なのかと常に考え直す姿勢から建築の新しい魅力が生まれることが多いです。そういった意味で、孔を開ける行為ですら建築であると高らかに宣言しているようなところに可能性を感じました。二次審査では実際に環境計画としてどういった工夫をし、どれほど効果があるのかということを示してもらえるのかなと思っていました。建築の技術的な知を使いつつ、新しい建築のあり方も提案しているというような、両面性のある作品を期待していたのですが、模型と具体的な図面において、肝心の環境計画の説明が粗く、その点が残念でした。他の審査員の先生方も同じ感想だったように記憶しています。

常山 既存の建物ありきのリノベーションなので、壁面や天井面の熱貫流値を計算して断熱材を決めるとか、孔を利用して重力換気をするとか、環境負荷を軽減するための既成の技術をコツコツ積み上げています。ただそれだけなので、その効果を確認することはできたかもしれませんが、コンピュータでばっちり計算したシミュレーションから得られる詳細な情報が建築全体の計画やデザインに反映されるほどではなかったと思います。それをデザインの免罪符に使うのも少し抵抗がありました。リノベーションの作品は空間を刷新する視覚的なデザインだけでなく、エネルギーやつくり方、住みながら壊しながらつくる、孔を開けることで都市の生態系とつなぎ直す、という、室内環境計画にとどまらないより広いエコロジーにフォーカスしてたいと思いながら展覧会でのプレゼンテーションをつくりました。

乾 「都市のワイルド・エコロジー」という副題に環境工学的なエコロジー以外のさまざまな要素を含んでいることや、壊すことが環境性能を高め、貧弱な生態系しかなかったところをより多様につくり直すという意図は、私を含め審査員に伝わっていたのですが、だからこそ、それが新しいエコロジーであることが分かる何かしらのエビデンス的な要素があればよかったのかと思います。それはこれまでの環境計画的なプレゼンテーションと似たものを求めているわけではないので、新しい表現が必要なのかもしれませんが。

常山 SDレビューの京都展でのシンポジウムの際に、審査員の先生方から「もっといろんなところに孔を開けたりしてみたらよかったんじゃないか」アドバイスをもらいました。形式の一貫性が欲しいという意図だといいます。それに共感もするのですが、それだけではリノベーションは解き切れないことも事実です。新築として一からつくるのであれば、孔を前提に設計していくことはできますが、先に構造体や水回りの位置も決まっているという既存の状態を相手にするとき、孔を優先して開けていく態度は必ずしも有効に働きません。むしろ無理が生じて不快なものになる可能性がある。リノベーションは既存をどう評価するか、というところから設計が始まっています。それにどう応えるかがリノベーションデザインの面白さです。そのプロセス抜きに結果のみからそのプロジェクトの良し悪しを評価できない。ですから審査においても既存をどう評価し、それにどう応えたかという視点は外せないのではないでしょうか。

佐々木 土地が決まっていて周辺には建物が建っているという状況と、躯体まであるという状況、ただそれだけの違いで新築とリノベーションを別物のように捉えてしまっていいのでしょうか。私は建築とリノベーションは同じ軸で評価されるべきだと思っています。

乾 賞を審査するとき、新築とリノベに優劣や境界線を引かないようにしながら作品に接するようにしています。それは規模の大小で建築の評価は変わらないことと同じです。一軒の小さな家が巨大なプロジェクト以上に建築が何であるかを語ることがあることと同じで、それによって建築というものをどのように新しく定義づけることができるかどうかが問題なのであって、それができていれば、リノベーションという枠組みと無関係に建築として評価すべきだと思います。そして今は、もしかしたらリノベーションの方が建築の意味の更新の可能性が高まっている時代ではないかと思います。つまり、新築の方が、建築を語ることが厳しいようなところすらあるという。

他者性と向き合う

佐藤 リノベーションのプロジェクトはそうした切実な制約をもつことで、新築とは異なるある種の特権性をもってしまうことがあると思います。リノベーションという言葉はもっと広義に捉え、ある思考形式、制作姿勢を表すものとして考えたいです。西大井のあなと同時にSDレビューに出した僕のインドのプロジェクト〈Project in Santiniketan／インド・シャンティニケタンに同志を募って家を作り

〈Project in Santiniketan〉の内部。
レンガ+コンクリートの躯体と左上に見える木造の造作

〈西大井のあな　都市のワイルド・エコロジー〉SDレビュー2017一次審査時のプレゼンテーション

に行く〉では、外殻であるコンクリートとレンガの躯体の設計はしましたが、建設の際には現地に行くことができず、監理は十分にできませんでした。なので現地の職人と施主に現場の判断を任せました。躯体完成後に現場を訪れてみると、当然ながら自分が設計したものとは異なる部分が多々あった。そしてそのすでに立ち上がった躯体を見て、そこに木造でどんなものを入れようかと考えていった。そんな場当たり的な状況が具体的なデザインのきっかけとなりました。このプロジェクトにもいわゆるリノベーションのような雰囲気があったと思います。プロジェクトのなかに自分が制御できない何かが含まれていて、それをポジティブに捉えて進めていく姿勢がリノベーションという思考形式なのではないかと思います。

海法　制約と他者性の問題を混同しやすいかもしれません。制約というのはどんな建築プロジェクトにもあるし、それをポジティブに乗り越えていくのが建築家という人種だと思います。一方の他者性は、どこまで自分が設計したといえるかという視点に立ったときに見えてくるものでしょう。新築とリノベーションの大きな違いは他者性と自分の入り混じり方にあるといえるのではないでしょうか。

乾　そう、その他者性というものに、今の若い建築家の方々は期待しているのかもしれませんね。まず、対話のなかで何かをつくっていきたいという志向があり、その対象として他者というものがある。そして、新しい他者性の発見に興味をもって取り組んでいるようなところがあると思います。人だけでなく、人以外の既存の躯体であったり、あるいは近傍のまちであったりなどですね。

リノベーション概念の変化

乾　リノベーションという言葉の次元が、今回特集をつくっておられる4名で違っていると思います。どういうことを各自が期待をしているのか聞いてみたい気がします。

海法　言葉の議論がまだ全然できていない、議論した先に「リノベーションという言葉はもういらなくなったね」となり得るくらいの余地が眠っているのではないかと思っています。今はまだ何となく「新築かリノベか」くらいの議論にとどまってしまっているところがあるのですが、もう少し違うものじゃないかなという感覚をもっています。

乾　日本においてリノベーションという言葉が建築メディアなどで分かりやすく語られ出していると私が認識したのは、2000年頃に青木淳さんが〈マルタン・マルジェラ〉の店舗について書いた「白く塗れ」という文章です（『新建築2001年3月号』に掲載）。既存のごく普通の民家を白く塗るだけで建築のデザインになり得ることが的確に書かれていました。当時、そうした新しい建築のつくり方が衝撃的に受け取られていたと思います。さらに〈青森県立美術館〉で、躯体は躯体である論理で計画を行い、その先にもう一度自分でそれを後から入ってきたかのようにデザインし直すという、とても複雑な設計のプロセスを経た建築を青木さんがつくりましたが、そこで青木さんは明確にリノベーションという言葉を使っていたのではないかと思います。

それまでも青木さんは、他者性の問題をどうやって新築に取り込めるかということをやってきておられました。設計だけの世界に閉じない建築をつくるために考えていたことだと思います。そうした興味のなかで、リノベーションの可能性に出合い、さらにそれを大胆にも新築に展開したのかなと思います。青森県立美術館で開発した新しい建築のつくり方は、手続きが複雑過ぎたからか、当時はあまり評価されなかったように思います。というか、少なくともある年齢層以上はまったく反応できていませんでした。ただ、私たちより下の世代にはピンとくるものがあったように思います。あのあたりのタイミングで、実際のリノベーションかどうにかを超えて、リノベーションという考え方でものをつくるというのがあり得るんじゃないかという議論がスタートしたのではないかと思います。

能作　2000年頃の青木さんが考えたリノベーションの概念と、今私たちの世代が考えている概念が同じかどうか考えてみたいです。青木さんが考えるリノベーションには2種類あると思います。ひとつは表面の問題。それはリノベーション的な表面のつくり方ですね。青森県立美術館のレンガへの白塗装やマルタン・マルジェラの既存のものを白く塗るという表面に対する意味の重ね合わせです。ある種の既存のものがあり、そこに何か手を加えることによって意味が変容する。そういう概念として青木さんはリノベーションを捉えている。そしてもうひとつは、〈青森県立美術館〉で見られるような、あるルールをつくってお

きながら壊すことです。つまり構成ルールの二重化です。

コトから建築をつくる可能性

能作 私の見解では、青木さんのこういう考え方と乾さんは違う方法で建築をつくっています。乾さんの場合はまずグリッド的なものを描く。建物の確かな輪郭をまず描いて、そのうえでその輪郭と対話しながら中身を入れていくというプロセスです。特に「小さな風景からの学び」のリサーチを行っている時期やその後の作品ではこういった設計の手法を取っていると感じます。

ここに二者の違いがあって、じつは、青木さんは自分ですべてを操作しながらリノベーションという概念を使用して、フィクショナルにルールや建築の構成などを考えている。乾さんの場合は設定されたグリッドのなかに、リアリティがどんどん入り込んでいくように設計が行われているように思います。フィクションを重視するか日常やリアリティを建築に持ち込もうとしているかという点において、二者のつくり方は決定的に違うと思っています。

そして乾さんと私たちの世代の差は、『SD 2017』に乾さんが書かれた評「新しい装飾への危惧」において示されていた「コトづくりなどに対する評価と設計案としての評価は分離して考え、その両方が一定以上の質を担保していることは重要」という指摘に表れていると思います。乾さんの建築はあるグリッドを設定して建築的な形式をはっきりと発生させる。だからそのクオリティは問えるだろう。そしてそのなかにコトづくり的な対話なり、あるいはそこでの現象が生まれて、それ自体もクオリティを問うことができる、という段階的な建築の組み立て方になっています。しかし、私が考えているのは、コトづくりと形式のつくり方は分離できないのではないか、ということです。私は「形式と内容が果たして分離できるのか」と疑っています。リノベーションという概念のなかで、リアルな部分から建築の形式を組み立てたい、あるいは形式を組み立てられない条件の場合にも何とか建築として成立させていかなければいけないと思っているところです。

乾 私の中にはフォルマリスティックなものを思考してしまう回路があって、それを捨てることができません。形式に一回当てはめたいという設計の癖といいますか欲求があります。それだけでなく、規模の問題もあるかと思います。コトづくりと建築づくりが一体になるようなつくり方、あるいは、それらが分離できないのではないかという思いは共感します。個人的には、そうした方法で建築を実現できる可能性はあると思っています。ただ、それは、小さな規模であることが条件なのではないかと思っています。ある程度の規模以上になると、それらは分離せざるを得ないと感じています。分離というか、ひとりの人格でできる問題を超えているように思うのです。そして今たまたま自分がある程度大きな建物を設計することが多いので、コトづくりと建築づくりを一体的に行うということを、自分の手段として想像できないでいるのです。

海法 コトづくりとモノづくりが分離できないという感覚が、じつはまだよくつかめていません。分離できないものをつくりたいという意志ということであれば理解できる気もするのですが、コトからつくる建築というのが例えばどんなものなのか具体的に教えてもらえますか。

能作 中身のプログラムがまったくなくなって建物だけになったときに意味をなさないような建築、ですね。最近の事例だと、例えばシェアハウスという人間の関係性と建築の形式を噛み合わせたいくつかの建築が提案されました。それらの建築は単に形式として面白い、形式美があるなどの基準では評価しづらいものです。現代のライフスタイルに建築家が挑戦して、状況をどう解釈したか、そういうことを含めて建築として評価されていると思います。

海法 なるほど、コトに密接にフィットするように生み出されるモノということでしょうか。コトに一対一に近い高い解像度で、かつ意図的に刹那的にコミットすることで、いわゆる従来の建築の形式とは異なる価値基準を見つけ出そうとしているように見えます。両者は計画時に密接なのか、運用時に密接なのか、どちらでしょうか。

能作 両方だと思います。何か新しい現象に対してどう向き合えばいいか分からない時期にこういう例が出てくるのでしょう。近年は建築に求められるプログラムが曖昧だったり、複合的であったり、あるいはすごく些細なものだったりします。それに対して何が現象するか分からないところで格闘していると、そういったモノとコトが分けられない、噛み合った状態を思考していく。これは最近の建築の傾向といえるのではないでしょうか。

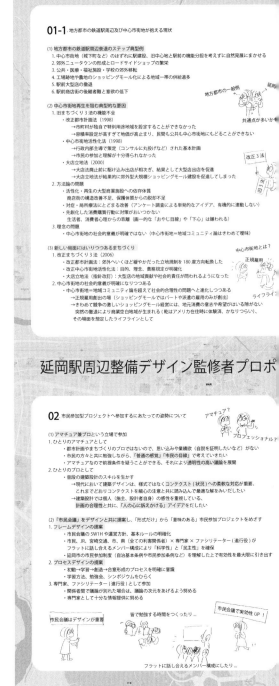

2011年に行われた「延岡駅周辺整備デザイン監修者プロポーザル」への乾久美子建築設計事務所による提案書

佐々木　リノベーションについていえば、モノはすでに存在しているため、常にコトからスタートするという特性があるといえます。リノベーションを行うモチベーションには、必ず何かそこで実現したいコトがある。コトがなければリノベーションする必要は生じませんよね。

弱いプログラムとモノとしての建築

能作　強くてはっきりしたプログラムと微細で弱いプログラムという2つの項が現代に存在していると仮定してみましょう。弱いプログラムは何か非常に曖昧で、目的も曖昧。例えば「人がとりあえず集まれる場所」とかそういった類のものです。一方、強いプログラムは小学校であるとか劇場であるとか、ビルディングタイプと呼ばれるはっきりとしたもの。そこで、弱いプログラムというのはまさに小規模の空き家のリノベーションとのマッチングになっているといえるでしょう。リノベーションは、コトが曖昧ではっきりとした建築の型が見えないために、とりあえず今空いてる場所を何とかしようかというヤドカリ的な発生をしている。

常山　あるいは、目的はすごく強いけれども型をもっていない、という場合もありますよね。コトにもまだ型がないために建築にも型がないような場合です。その二者が一緒になって建築となっていくような場合は、先ほど出たようなコトとモノが分離できない建築が生まれることになると思います。

能作　そして、コトも建築も型をもっている場合は、計画学的に確立されているので問いは簡単です。となると、弱いプログラムと強い建築の型、という組合せはあり得るのでしょうか。

乾　今、お話を伺っていて、私が関わっている延岡駅前のプロジェクトがそうなのかもしれないと思いました。新築であり公共なので強い型がありそうですが、スタート当初は動機だけはあってもプログラムが何もありませ

んでした。最近、ようやく完成というところに至りつつあるのですが、「いったい何をすることが求められているんだろう」という疑問が付きまとい続けるプロジェクトでしたね。結果として広範なタイプの業務を引き受け、そのなかにはいわゆる建築設計や工事管理もありましたが、最初はプログラム探しから始めていました。市民や自治体職員の方々と一緒になって、まちを再生するには、なにをつくればいいんだろうという議論をし続けたのです。そんな状況のわりには、予算の目途はある程度立っているのです。昨今の地方都市のまちづくりなどでは、この弱いプログラムと強い建築の型の組合せが出てきつつある状況にあると思います。

能作 弱いプログラムは建築に影響を非常に受けやすいのではないでしょうか。また、弱いがゆえに、何かが先にないと成立しにくいところがあるとも思います。例えば常山さんの〈不動前シェア〉は、施主がシェアハウスに住んでみたいけどどういうプログラムかもよく分かっていない。しかしとりあえずここに建物があるからそこにフィットさせつつシェアハウスなるものを成立させる、というプロジェクトのつくり方が実際に起こっていました。

乾 リノベーションという概念の面白さはルーズさが許される点にあると思っています。完成したその瞬間でさえも機能に対してぴったりとフィットしているわけではない。微細なプログラムでは機能そのものもよく分かっていないから、つくったはいいけど合っているのか合っていないのかも分からないような。そういった意味では、コトとモノが同時にできるつくり方も面白いのでしょうが、それらがうまくいき過ぎて、バッチリと組み合わさり過ぎるとリノベーションのルーズな魅力がそがれるのかもしれませんね。

そもそも、今のみなさんの世代の建築家たちのリノベーションへの期待というのは、モノに対する期待も大きいのではないでしょうか。自分がリノベーションする立場であり、また自分が設計したものを他人にリノベーションされてもいいというぐらいの気持ちが

あると思うのです。コトづくりだといっておきながら、同時にモノの強度や完成度に関心があるのも近年の傾向だと思うのですが、そうした二重性のある態度の根っこには、そういう考えがあると思っています。むしろ今そういう気持ちで設計していなかったら、私は、その人を建築家として疑ってしまうくらいの感じなんですけれども。そのくらいにモノはモノで自立している。しかしそれは閉じた自立の仕方ではなくて、何か開いた、何かに展開できるものとして存在してほしいみたいな期待がありますよね。そうした考えは面白いなと思います。

全体性が弱い建築

海法 近年の公共建築のコンペにおいて、黒磯駅前のまちなか交流センターの藤原徹平さんの提案や、八戸の美術館の西澤徹夫さんたちの提案を見ていると、新築の公共建築かつプログラムも存在する条件で、全体の建築の強さをいかになくすかを志向した建築が勝ったことに、僕は驚きました。弱いプログラムにフィットしている状態を恣意的に志向している建築に見えるし、乾さんのおっしゃる一定規模以上の建築だからこそ、少し違和感も感じました。それをどう捉えたらいいのか、判断に迷っています。

能作 弱いプログラムにフィットしている状態を志向しているように見えるというのは、エビデンスベーストデザインであるともいえるのではないでしょうか。リノベーションにおいてうまくいっている部分を、そのまま形式に当てはめてみようという感覚なんじゃないかなと思っています。リノベーションのような小規模の空間で成功している事例があって、それのアッセンブルで大きな施設をつくる。それは「パタン・ランゲージ」と近いような気もします。

乾 近いんでしょうね。「パタン・ランゲージ」自体がエビデンスベーストデザインの始まりを告げるものだったと思います。もちろん当時はそんな言葉はなかったと思いますが。

能作 リノベーションで得られた弱いプログラムとモノの関係の成果を適応させるという方法は、リノベーションの可能性としてひとつ挙げられるのではないでしょうか。大きい建物ではリノベーションのようにトライアンドエラーはなかなかできないので、小さい規模の方が新しい試みは起きやすい。

リノベーションの実践の社会的意義

能作 リノベーションの仕事は、安いし、小さい。規模の大小で建築の価値を捉えてしまうと、リノベーションには価値がないと思われてしまう。この状況は人類史の視点から新しい現象だと捉えることが大事だと思います。リノベーションは歴史的にもずっと行われてきたことですが、それと何が今違うかというと、都市の成長時代に大量に建物がつくられた後だということです。それが現代、日本など一部の先進国では人口が減っていくという現象が起こっています。そういった人類史上の特別な時期を迎えていることに対して、建築家は何ができるのかと問われている。

海法 近代がいかに人間を一般化してきたかという問題もありますね。多様性がなく一元的である方が近代化しやすいためどんどん一般化していった。その近代が終わりを告げて再び多様化が志向された現代において、ふとまちの風景に目をやると、異常なまでに同じようなものが並んでいる。そこを僕たちは少しずつリノベーションしながら自分の生き方を見つけていく。まるでいったん近代化のために硬直化、均質化したまちをつくっておいて、これから揉みほぐしていくような壮大な実験のようにも見えてくる。

能作 僕がもうひとつそこに重ねたいのは、朽ちていくことと菌のイメージですね。メタボリズムは成長の時代に増殖や新陳代謝といったイメージを重ねていた。今は近代都市が崩壊しはじめた状況にいるのではないかと思っています。近代都市の栄養分を分解して糧にして何か別の構造物をつくっていく、菌類のような分解者のイメージで建築を捉えることができないかと考えています。300年後くらいには近代都市の多くが壊されてしまい、

西大井のあな1階にて行われた座談会の様子。
左から順に、能作文徳氏、常山未央氏、海法圭氏、乾久美子氏、佐藤研吾氏、佐々木高之氏

まったく新しいタイプの都市ができているでしょう。

乾 近年の生態学の分野はとても面白く、再野生化という考え方でまったく新しい生態系を実験的につくる、勝手に自生する動物たちで新しい野生をつくる実験が行われているようです。例えば、在来種を駆逐する外来種を敵対視するような声をよく耳にしますが、外来種の存在が結果として生物多様性を生み出すケースは意外と多くあったりして、外来種がすなわち悪いと言い切れないそうです。そういう話を知ると、生物の世界は複雑で、何がきっかけで物事がよくなっていくのかなんて分からない、結果はいろんな偶然の掛合せでしかないということがよく分かります。特に、近年の地球規模の気候変動は、さまざまな動植物の生息地のダイナミックな移動を余儀なくしているようで、ある時代の気候に執着して「かつての」自然を守ることすら難しいそうです。そうしたなかで、積極的に新しい生態系をつくったり、何でもないところを野生へと戻したりするような実験にリアリティが出てきているそうです。とても面白いと思います。能作さんの発酵のイメージは、この再野生化にもつながっているようにも思えます。

この生態学の分野における自然界への積極的な働きかけですが、建築も同じようなところがあると思います。まちづくりのように複雑な対象がよいと思われる状況になるとき、何がきっかけでよくなるかなんて本当に分からないので、さまざまなことをとりあえずやってみる、という態度は合理的だと思います。リノベーションに社会的な意味があるとすると、そのチャンスを大量に増やしているという点です。ひとつの新築を巨額の投資をしてつくるのはお金の使い方としてリスクがとても高く、失敗したら相当な損失になってしまいます。一方で、リノベーションのような細かいことをいっぱいやる、どれが芽吹くか分からないけどとりあえずやっておこうみたいな感じでまちを変えていくというのは、投資の仕方として賢いという側面はあると思います。

海法 時間的視野を広げてみると、400万年ほど遊動生活をしてきた人類に定住革命が起こった後のここ1万年くらいも極めて特殊といえます。日本は定住を大前提に持ち家政策を推進して、住宅を人間の寿命の約半分かけて買うということを続けてきたわけですが、今の人たちは遊動できるものならしたい、という感覚があるように思います。家を買ったり建てたりしているのも、その後の賃貸を前提とした投資計画が念頭にあるし、二拠点居住という考え方も、捉え方によってはみんな今いる場所だけにいることに満足していないか、不安を感じている状況があるのだと思います。そう考えると、今はストックがたくさんあって、比較的小さい投資で自分らしい場所をつくったり移動したりすることができる。リノベーションが現代のライフスタイルないしは生き方にフィットしている感じがしています。

農村部に求められる建築家の提案

佐藤 そんな時代が今いきなり始まっているのではないかという気がしています。農村で空き家となってしまっている民家などは、熱環境的に明らかに寒くて、リノベーションするとしても現代の私たちが快適に住めるようにするにはそれなりの費用がかかります。土地に余裕があり、今までは空き家の固定資産税も低かったためにそのまま放置して別の場所に新築すればよかったわけです。それで何年も誰も住まずに建物が残っている状況がある。その民家が手放されたのが仮に20年前だとしたら、その5年後くらいに誰かが入って住める状況に手を入れていればよかったのですが、20年間放置されて、そのあいだに、例えば薪ストーブを使わなくなったというように、日本人の生活環境も変わってしまった。時代的な断絶によって、使えたものも使いにくくなっている現状が今あるのではないかと思っています。そしてそういったことは都市でも起こっているのではないでしょうか。

乾 都市部における近代が生んだものをどうやって発酵させておいしいものにしていくのかという話と、農村というまた別の発生の仕方をしているものをどうしていくのか。同じリノベーションでもちょっと社会的な意味が違いそうですね。

能作 世界人口が都市に集まってきている。だから、当たり前の話ですが、農村というのが基本的に過疎化する、誰もいなくなる可能性もある。逆にその場所に住むことが選択的になると思います。

佐藤 そうした農村部で民家などが長期間放置されたために生じた生活環境としての時間的な断絶に対して、あるいは「誰もいない」という土地の状況に対する、新たな価値の提示や実践が求められている気がします。そうした使う人もいない、使うことも困難な膨大なストックの問題を解決していくことを、けれどもやはり誰かが担わなければならない。そこに新たなライフスタイルと場所の創出という建築家の仕事が必要とされているように思います。そこでは、新たなプログラムとしてのコトが先行することもあるでしょうし、もしかするとその土地の特殊な境遇ゆえの場所と空間といったモノづくりがプロジェクトを推し進めるかもしれません。最近、自分自身が農村部に行っているなかで、そんな状況に出くわすこともあり、ヒリヒリとした切迫した感覚をもっています。

（2018年9月29日、西大井のあなにて）

関係者略歴

企画・編集

海法 圭（かいほう・けい）
1982年宮城県生まれ。2001年秋田県立秋田高等学校卒業。2005年東京大学工学部建築学科卒業。2007年東京大学大学院工学系研究科建築学専攻修士課程修了。2007–09年西沢大良建築設計事務所勤務。2010年－海法圭建築設計事務所主宰。2014年－東京大学非常勤講師。2016年－芝浦工業大学非常勤講師。

佐々木高之（ささき・たかゆき）
1978年広島県生まれ。2002年東京都立大学工学部建築学科卒業。2005年イーストロンドン大学大学院ディプロマ修了。2005–07年NAP建築設計事務所勤務。2008–11年アラキ＋ササキアーキテクツ一級建築士事務所共同主宰。2009年－ICSカレッジオブアーツ講師。2011年－株式会社アラキ＋ササキアーキテクツ代表取締役。2012–18東京大学生産技術研究所協力研究員。2014年－関東学院大学非常勤講師。2015年－首都大学東京非常勤講師。2016年－明治大学兼任講師。

常山未央（つねやま・みお）
1983年神奈川県生まれ。2005年東京理科大学工学部第二部建築学科卒業。2005–06年Bonhôte Zapata Architectes スイス・ジュネーヴ。2006–08年スイス連邦政府給費生。2008年スイス連邦工科大学ローザンヌ校（EPFL）修了。2008–12年HHF Architects スイス・バーゼル。2012年－mnm共同主宰。2013–15年東京理科大学工学部第二部建築学科補手。2014年－武蔵野美術大学非常勤講師。2015年－東京理科大学工学部第二部建築学科助教。

佐藤研吾（さとう・けんご）
1989年神奈川県生まれ。2011年東京大学工学部建築学科卒業。2013年早稲田大学大学院創造理工学研究科建築学専攻修士課程修了。2013–14年同専攻嘱託研究員。2014–16年スタジオGAYA。2015年－インド・Vadodara Design AcademyにてAssistant Professor。2015年－東京大学工学系研究科建築学専攻博士課程。2016年－福島県大玉村で藍染めの活動をする歓藍社所属。2016年－インドでのデザインワークショップIn-Field Studio主宰。2018年－福島県安達郡大玉村教育委員会に所属（地域おこし協力隊）。

協力

加藤耕一（かとう・こういち）
1973年東京生まれ。東京大学工学部建築学科卒業、同大学院博士課程修了。博士（工学）。東京大学大学院工学系研究科建築学専攻・教授。専門は西洋建築史。主著『時がつくる建築 リノベーションの西洋建築史』（東京大学出版会、2017）でサントリー学芸賞（芸術・文学）、日本建築学会賞（論文）、建築史学会賞。他に『ゴシック様式成立史論』（中央公論美術出版、2012）、『「幽霊屋敷」の文化史』（講談社現代新書、2009）、監訳書に『ロンドン大図鑑』（西村書店、2017）、『近代建築理論全史』（丸善、2016）などがある。

乾 久美子（いぬい・くみこ）
1969年大阪府生まれ。1992年東京藝術大学美術学部建築科卒業、1996年イェール大学大学院建築学部修了。1996–2000年青木淳建築計画事務所勤務を経て、2000年乾久美子建築設計事務所を設立。2000–01東京藝術大学美術学部建築科常勤助手、2011–16年東京藝術大学美術学部建築科准教授。2016年より横浜国立大学大学院Y-GSA教授。主な作品に「フラワーショップH」、「共愛学園前橋国際大学4号館Kyoai Commons」、「七ヶ浜中学校」、「釜石市立唐丹小学校・釜石市立唐丹中学校・釜石市児童館」など。

能作文徳（のうさく・ふみのり）
1982年富山県生まれ。2005年東京工業大学工学部建築学科卒業。2007年東京工業大学大学院理工学研究科建築学専攻修士課程修了。2010年東京工業大学大学院理工学研究科建築学専攻博士課程単位取得退学。2010年－能作文徳建築設計事務所主宰。2012年博士（工学）学位取得（東京工業大学）2012–18年東京工業大学大学院環境・社会理工学院建築学系助教。2018年－東京電機大学未来科学部建築学科准教授。

写真・図版出典一覧

[P.065] mnm設計〈つなぐラボ高輪〉写真©鈴木淳平

[P.067] 《ブラウンとホーヘンベルフの地図》より、16世紀のニームの都市地図（ハイデルベルク大学図書館所蔵）

[P.068] In-Field Studioによる〈Project in Santiniketan／インド・シャンティニケタンに同志を募って家を作りに行く〉のためにつくられた家具、In-Field Studio提供／アラキササキアーキテクツ設計〈牟礼のリノベーション〉写真©Takuya Furusue

[P.069] 海法圭建築設計事務所設計〈東成瀬の4層〉写真©繁田諭

[P.071] 松浦武四郎『木片勧進』（信州大学附属図書館中央図書館所蔵）

[P.072] ジャック・ペトレの版画《アルルの円形闘技場、1666年の様子》（フランス国立図書館（BnF）所蔵）

[P.077] （この頁すべてアラキササキアーキテクツ設計）〈つつじヶ丘のリノベーション〉窓＋デイベッド、写真©Takuya Furusue／〈日吉本町のリノベーション〉階段＋ベンチ、写真©Takuya Furusue／〈暮らし発想リノベーションno.01 @氷川坂〉間仕切り壁＋コーナーラウンジ、写真©Takuya Furusue／〈モクタンカン〉写真提供アラキササキアーキテクツ／〈薪ブロック〉（新素材開発事例）写真提供アラキササキアーキテクツ

[P.081] この頁の写真すべてIn-Field Studio提供

[P.082] 能作文徳＋常山未央設計〈西大井のあな〉内観、写真©常山未央

[P.084] 能作文徳＋常山未央設計〈西大井のあな〉外観、写真©常山未央

[P.085] ダーチャフィールドの写真8点、写真©常山未央

[P.091] 能作文徳＋常山未央設計〈西大井のあな 都市のワイルド・エコロジー〉プレゼンテーション、設計者提供／In-Field Studioによる〈Project in Santiniketan／インド・シャンティニケタンに同志を募って家を作りに行く〉内観、In-Field Studio提供

[P.092, 093] 乾久美子建築設計事務所による「延岡駅周辺整備デザイン監修者プロポーザル」提案書、乾久美子建築設計事務所提供

完成作品レビュー1

真鶴出版2号店（SDレビュー2017入選、2018竣工）
冨永美保＋伊藤孝仁

背景化する建築／
前景化する出来事

能作文徳

建物概要
真鶴出版2号店
設計：冨永美保、伊藤孝仁
　　　（以上、tomito architecture）
構造：鈴木芳典（TECTONICA）
規模：木造2階建て／改修
用途：宿泊施設、物販店舗、事務所
敷地面積：119.76m²
建築面積：62.61m²
延床面積：82.85m²
工事期間：2018年3月〜6月

真鶴出版2号店の計画を初めて知ったのは、昨年のSDレビュー2017の展覧会のときだ。人の居場所が庭や路地に囲まれて周囲の風景に溶け込む幻想的な印象を受けた。このドローイングでは、家そのものではなく、周りにある石垣や庭の草木、そのなかに置かれたテーブルや椅子やお風呂やベッドが表現されていた。もはや建築はないものかのように。

しかし、この展示の講評は好ましいものではなかった。ひとつの要因は、「モノよりコトに比重を置く」プロジェクトが増えるなか、真鶴出版2号店もそうしたプロジェクト群のひとつとして理解されたからである。乾氏の審査評には、「コトづくりや改修の関わる作品の場合、コトづくりなどに対する評価と設計案としての評価は分離して考え、その両方が一定以上の質を担保していることは重要だと感じている」と述べられていた。つまり「コト」と「モノ」を分離したうえで、その両者の質を判断せよ、とのことである。この批評は作品を評価するうえで的を射ているのかもしれない。しかし「コト」と「モノ」が分離できるという見方が成立するのかを考えてみる必要もあるだろう。

真鶴出版2号店が竣工した後に、運よく見学することができた。真鶴半島をtomitoのお2人と町の話をしながら散歩した。おそらくこのプロジェクトは町と切っても切れない関係なのだろう。それは、tomitoのドローイングやマッピングからもうかがえる。真鶴出版2号店のドローイングはまるで建築がないかのように表現されていた。それは建物の殻を飛び越えて、周りにある樹木や草木や石垣とつながりたいという気持ちの表れであった。しかしながら実際には建築はただ無骨に存在した。色褪せた赤色の板金の建物がはっきりとした輪郭をもって私の前に現れた。中に入ると、また驚くことになった。失礼な言い方かもしれないが、特に何もやっていないと感じたのである。実際に何もやっていないわけではない。彼らは、既存の空間の状態を丁寧に読み取り、専門の職人だけでなく、クライアントと自分たちで施工した。そのことが、無理がなくうまくいっていると思われた。伸びのびとしたスケールの広間は、細やかな部分の調整があり、心地よさを誘うものだった。何もやっていないというのは、建築家としての特別なアイデアを感じなかったという意味である。建築家というのは独自のアイデアを探求するところがある。もちろん建築家の強い主張がときには息苦しさや傲慢さを感じさせることがあるので、そうした強いアイデアではなく、抑制された表現を目指すということはあるだろう。しかしこの真鶴出版2号店の場合、そうした抑制した表現ということでは説明しても意味がないように思われた。

tomitoのドローイングがやはり考えるきっかけとなる。このドローイングは建物が消えていた。色鉛筆でしっかりと描かれた樹木、草木、石垣、敷石、テーブル、椅子、ベンチ、棚、畳、床の素材、それに対して建物の壁は白く抜き取られていて、建物の輪郭が最も弱いトーンで描かれる。しかし建物の存在が実際に消えることはない。建物の存在を消した

冨永美保＋伊藤孝仁（tomito）によるドローイング。まちなみのなかの真鶴出版2号店

1階平面図　S=1/150

い。しかし消したいというのは透明にしたいということではない。ここでは建物になるべく建築家の意図を背負わせたくないというかたちで表れている。背景化させるといった方がいいかもしれない。

　当初、構造補強で使われている合板の壁はペンキで塗られていたそうである。しかしこの塗装があまりにも平滑であったため、砂を混ぜてざらついた塗料でやり直したと聞いた。経年変化した既存の木の架構や聚楽壁とのバランスを取った結果であろう。既存の建物の状態から新しく加えた部分ができるだけ突出しないように、注意深くなじませている。石垣に面したエントランスの外壁は既存の輪郭よりも内側にえぐられたように後退しているが、既存の外壁と違和感ない。既存の外壁と似たような色褪せたピンクに塗られている。このような細やかさは、建物を背景化する試みであると読み取ることができる。

　では、なぜそもそも建物は背景に退かないといけないのか。背景に退いたときにどのような可能性が開けているのか。この建物は、小さなキオスク、編集室、宿、イベントスペースとして使われる。2号店というだけあって、その使い方は補助的である。都市部にあるような一般的な出版社のオフィスとはかけ離れている。それは家のようでもあり、仕事場のようでもあり、お店のようでもあり、カフェのようでもある。曖昧なのである。このような空き家を活用したプロジェクトは、明確な使われ方ではないことが多い。近代建築の施設概念では捉えられない。近代のオフィス、工場、駅、会議場、住居は、どれもプログラムは純化される傾向にあった。そこでは機能に合わせた明快な空間が求められた。仮に近

写真撮影:鈴木元彦(日本建築写真家協会会員)

2階平面図

代建築が求めた施設概念を、「明快で強い施設」と「明快で強いプログラム」の組合せとするならば、この真鶴出版2号店は、「曖昧で弱い施設」と「曖昧で弱いプログラム」の掛合せとして見ることができる。使い方が曖昧だからこそ、空き家という既存の環境に入り込むことができる。いやむしろ逆の考え方も成り立つのかもしれない。何かしらの囲いや覆いが拠り所となって、使い方が誘発されていると。それは放擲された物理的環境が、お金を掛けずに何かをしてみたいという些細な要望を現実化することを後押ししている。つまり空き家という存在がなければ、曖昧で弱い使い方を生み出すことができなかった。空き家がなければ真鶴出版2号店という存在も想像できなかっただろう。tomitoの設計はこうした空き家から喚起された何かやってみたいという気持ちに波長を合わせている。その結果、建物は背景化したのではないか。背景化した建物の弱さは、そこで起こりうるささやかな出来事の前景化に向けられている。

「コト」と「モノ」が分離できる状態。確かにそのような建築もあり得るだろう。ファンクショナリズムとは関数(ファンクション)主義であった。ここでは機能(使い方)と形態がまるで関数のように結びつけられる。これは「コト」と「モノ」をいったん分離しておいて、それらをもう一度関係づけるという考え方であった。真鶴出版2号店は、そうした関数的な考え方とは異なっている。空き家という物理的環境が、曖昧で弱い使い方を想起させ、その弱さゆえに建物は背景のように退き、背景化した建物によって曖昧で弱い使い方が許容される。そうした「コト」と「モノ」が相互に再帰的な関係になっていて、弱い状態で絡み合いながら一体化している。こうした「コト」と「モノ」が分離できない状態こそが真鶴出版2号店の特徴である。これは新しい時代の兆しかもしれない。

(のうさく・ふみのり/建築家、東京電機大学准教授)

完成作品レビュー2

幼・老・食の堂 (SDレビュー2016鹿島賞、2017竣工)

金野千恵

施設と居場所
――〈幼・老・食の堂〉から見る現代の居場所

能作淳平

いつの時代も建築をつくることはその社会への応答だ。住まいでいえば戦後復興期には材料不足の状況でいかに広がりのある住空間をつくるかが求められ、建築家たちによってさまざまな最小限住宅の試みがされた。60〜70年代には経済成長に伴う都市部の人口増加を解消するために郊外に核家族用の住宅群を開発した。90年代にはその反動によって起こった都市回帰という状況で、小さな土地でも工夫しながら住まう狭小住宅というものも開発された。このように、どの時代も、これからの居場所とはどのようなかたちなのかを想像してきた。これから迎える超高齢化と大規模な人口減少に対して建築家たちはどのような居場所を提案するのだろうか。

今回訪問したのは、tecoが設計した〈幼・老・食の堂〉という、介護施設と保育施設が複合された建築だ。さまざまな世代の人たちが長い時間を過ごす、いわば住まいのような居場所である。現在、喫緊の課題として求められている福祉施設を現代の居場所という観点から見てみたい。

日本では超高齢社会を迎え、また共働き世帯が半数を超えた現在、介護施設、保育施設の設置が進められている。福祉サービスによってそれまで家族で対応していた介護や子育てを外部化し、利用者の家族は自由な時間を獲得できるようになった。その自由な時間をやりがいのある仕事に充てたり、賃金を得るための労働に充てたりする。そのようななか、多くの待機児童や高齢者の受入先の問題が叫ばれるのだが、それを支えているスタッフ側が抱える苦痛はそこまで明るみになっていない。実際には介護施設での利用者やその家族からのハラスメント、保育施設ではモンスターペアレントによるクレームなど多くの問題を抱えている。このように福祉は税金や利用料によって社会を裏方から支えるサービス産業であるというマインドセットによって介護士、保育士は本来、家族に密接に関わるメンバーであるにも関わらず、サービスを受ける利用者とサービスを提供するスタッフという線引きがされてしまう。子どもはかつての自分だし、高齢者は未来の自分だという福祉的な想像力はもちろん必要ではあるが、現在の社会システムではそれだけでは対応しきれない問題となっているのではないだろうか。とはいっても、かつてのように家族で子どもや高齢者を見るというのは核家族化が進んだ現代ではさすがに無理がある。福祉サービスと現代の暮らし方がうまく付き合っていく方法はあるのだろうか？

幼・老・食の堂に訪れて感じたことが2つある。1つ目は線引きすることなく空間がどこまで

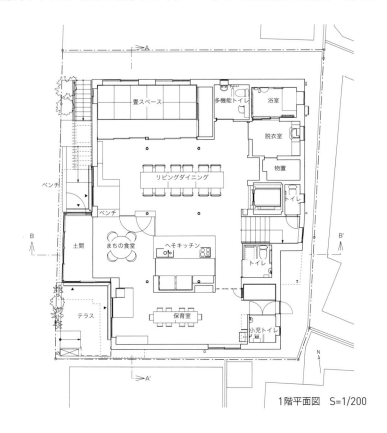

1階平面図　S=1/200

【建物概要】
設計監理：金野千恵、アリソン理恵、村部塁（以上、teco）
構造：鈴木啓（ASA）
設備：柿沼整三、伊藤教子（以上、ZO設計室）
規模：鉄骨造　3階建て
用途：看護小規模多機能型居宅介護施設、
　　　事業所内保育所、訪問介護事務所、
　　　地域交流スペース
敷地面積：228.49m²
建築面積：157.23m²
延床面積：354.82m²

もつながっているということだ。建物の外観は開口が多く塀もないため、非常に開放的な構えだ。建物に入ると土間から大きな空間につながり、中央には大きなキッチンがある。訪問時にはちょうど何か料理をしていたのだが、調理をしているのが利用者なのか、それともスタッフなのか一見分からない。さらに1階は介護施設だけではなく、保育施設が併設されている。介護施設、保育施設さらにはキッチンまでも壁で仕切ることなく地続きになってる。線引きがされていない空間に呼応するように、さまざまな人があちらこちらで混ざっている。施設として見ると不思議なのだが、ある意味では自然な風景になっている。2つ目は設えの緻密さだ。いたるところにちょっとしたベンチやアルコーブが用意されていることで、なんとなくつながりながら一人でいられるスペースになっている。それは利用者のみではなくスタッフも同じように一人になれる。この小さな設えが大きくひと続きの空間を補完し、さまざまな居場所をつくっている。また施設という空間には人を管理する要素がいくつも存在するが、これも設えによってうまく居場所に変換している。例えば、法令上必要な異種用途のための区画も、扉を開けば壁の一部ように、もしくは利用者が腰掛ける家具の一部に見える工夫がされている。また、建物の外形も周辺の住宅地にあるバルコニーやカーポートのようなアルコーブ状に凹凸にすることで、窓先の植栽やちょっとした家庭菜園までできている。夏には通りに面したアルコーブで子どもたちがプールで遊ぶらしい。本来ならセキュリティーを重視して塀やフェンスを設けるところだが、このスペースは緩やかに通りに連続している。スロープの端もベンチ状に設えられて縁側のような場所になっている。介護施設や保育施設でよく目にするスロープや目隠しのフェンスなどの障壁が、うまく住宅地の風景に置き換えられて、それが人の居場所になっている。抽象的な建築言語によって構成するのではなく、どこかで見たことのある、つまりそれが何なのかがちゃんと認識できる設えの集積なのだ。複合施設では管理運営するための区画や障壁が多数ある。それは「法（Law）」によって定められた抽象的な線引きであるが、この建物では人のふるまいを生み出す「建築（Architecture）」に昇華されている。結果として、ここでは利用者もスタッフも子どもの高齢者も同じ立場でこの居場所に佇んでいる。

設計者にあるエピソードを聞いた。とある施設を利用している子どもがルールを破り、それについてスタッフに注意されたという。その子どもはスタッフがいくら説得しても聞かなかったのだが、同じ施設の利用者のおじいちゃんに注意をされると素直に言うことを聞

写真撮影：海老原一己(日本建築写真家協会会員)

103

A-A' 立面図　S=1:200

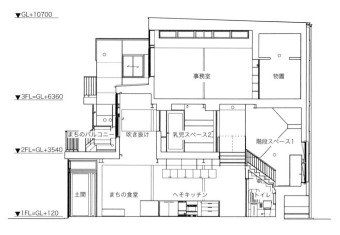

B-B' 立面図　S=1:200

いたそうだ。これは、利用者とスタッフという立場に線引きに対する示唆的な出来事だ。利用者とスタッフという線引きは効率よく運営するには便利であるが、一人ひとりの個人として関わるには障壁になることもある。特に多世代が交流する場ではより難しいだろう。しかし幼・老・食の堂の空間にはこのような運営を効率化するための線引きはほとんど空間に見えてこない。介護施設に子どもが入り込むこともあるし、逆も然りだ。そうすると介護士には保育についても知る必要があるし、保育士には介護について知る必要が出てくる。業界内のマニュアルだけでは太刀打ちできないのだ。おのずとひとりの人間として個性的なスキルをもって交流することになる。ときには意見がぶつかり合うこともあるかもしれないが、なぜ設計者と事業主がこのようにさまざまなものが混ざり合う空間と運営を求めたのかが分かった気がした。効率よく安全を求めれば求めるほど、利用者とスタッフの線引きは強くなり、それが進行すると、サービスをする側とされる側が互いに相手の人間性を想像することが難しくなる。そのように福祉という安全なサービスを求めたがゆえにバラバラになってしまった互いを思う想像力をもう一度つなげる実践なのだ。

安心と安全はある程度比例するが一致することはない。そしてどちらかだけを選ぶということでもない。安全に運営することができる「施設的空間」であることはもちろんだが、それに加えて、安心してその空間に佇むことが許される「居場所的空間」なのだろう。利用者もスタッフも個性のあるひとりの人間として食事ができて、会話ができて、学ぶことができて、そして働くことができるようになってはじめて福祉施設が現代の居場所になるのだと思う。これはこの建築に限った話ではない。多くの事業者たち、設計者たちがさまざまな方法をもって、これから取り組むべき広いフィールドなのだ。

（のうさく・じゅんぺい／建築家）

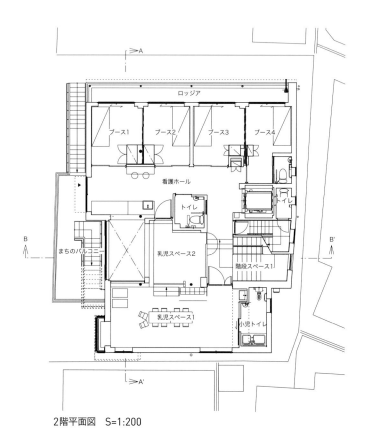

2階平面図　S=1:200

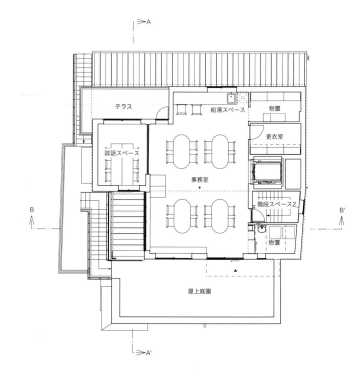

3階平面図

書評 1

歴史と現代の自律的で友好な関係

黒川 彰

カナダ建築センター(CCA)にて開催された展覧会「Besides, History: Go Hasegawa, Kersten Geers, David Van Severen」の書籍版である。

CCAは、2組の建築家に「問い」を投げかけ、作家たちの対話を展覧会と書籍というかたちで発表するマニュフェスト・シリーズを展開してきた。本企画では日本の長谷川豪とベルギーのオフィス ケルステン・ゲールス、ダヴィッド・ファン・セーヴェレンに「建築の歴史」というテーマが与えられた。CCAチーフキュレーターのジョヴァンナ・ボラーシによると、彼らは多くの先代の建築家たちと異なり、現代性の表現を創作の目的とせず、歴史のなかの仲間たち（作家・作品・バナキュラーな建物）との対話を積極的に広げたうえで、その結果として現代的かつ基本的な建築をつくる事務所と位置づけられる。

追体験

本書を読み進めると、この企画を通して2組が「歴史をどう使っているか」をぶつけ合い、共感または差異を通じてお互いの態度を相対化していく様子を追体験することができる。この成果物に至るまでの議論の熱気が伝わってくる、いわゆる展覧会カタログにはない生々しさを感じるのは、僕がオフィスで働いていたことや、スイス留学中に両者と親交があったことだけが理由ではないはずだ。

両者の対話の成果は4つの切り口「境界線としての平面図」「集合論としての断面図」「部屋のある眺め」「見かけの凡庸さ」という展覧会と書籍に共通する章立てにより示され、さらに書籍では、展覧会の記録写真と各建築作品紹介が加えられ、最後にキュレーターを交えての対談によって彼らの1年間の共闘が締めくくられる。

本企画において、両者の作品はどれも建築の基本的なマテリアル（平面図、矩計断面図、透視図、模型）により表現されるが、特別なことが2つある。長谷川がすべての断面図と模型を、オフィスがすべての平面図と透視図を担当し、相手の作品も含めて表現媒体を制作したことと、両者の作品と歴史上の作品たち（CCAのコレクションから選ばれたもの）が媒体を揃えて並列されていることである。お互いが作品の所有権を放棄することで、巨匠（ミースやパラーディオなど）と現代作家のマテリアルによる対話が始まる。

バス・プリンセン（オフィスのすべての建築写真は彼に委ねられている）による展覧会の風景写真も興味深い。いわゆる記録写真とは異なり、また、オフィスの建築写真がそうであるように、部屋全体を収めた画や被写体に正対した画はほとんどない。カジュアルかつ精密に調整された角度で撮影された写真は、次ページの写真と消失点を共有し、読者の意識のなかにひとつの世界を築く。ページを送りながら展示室を歩き回るような動的な体験は、プリンセンと本書のグラフィックデザイナー色部義昭の協働成果といえる。

コラージュ

オフィスで働いた身としては、「部屋のある眺め」のセクションで彼らが作成したコラージュについて掘り下げなければならないと感じる。書籍をお持ちの方は、「森のピロティ」と「伝統文化センター」の透視図に定規を当てていただきたい。多くの画家や写真家が用いるような、2分割や3分割のグリッド上に床の境界、グラウンドレベル、独立柱などの要素が配置されていることがすぐに分かる。また、6枚の絵が並ぶと、下から3分の1の高さのラインがつながり、プリンセンの写真の消失点や長谷川の断面図の地表面レベルと同じように、両者がひとつのフィールドを共有し、現代建築を探究する仲間である様子が示される。

文中でオフィスは、透視図の主題は"サイズとプロポーションについての意識的な実験"と述べている。その実験とは、空間の物理的な寸法のスタディであるだけでなく、プロジェクトのアイデアを整理してヒエラルキーを与えることであり、さらに同時に、絵を用いてどのような意思を伝えるかのバランス調整なのだろう。

自律と接続

このようにして作家の手を離れて制作されたマテリアルたちは、周辺環境やプログラムといった文脈情報も剥ぎ取られ、歴史上の作品のマテリアルたちと混ぜられて、展示空間全体にまるで単語のように散りばめられる。

奇しくも、この状態をゲールスは雑誌『SAN ROCCO』（ゲールスやステファノ・グラツィアーニらが創設した建築エッセイ誌、同名出版社より発行）第2号（2011）の「EVERYTHING AND NOTHING」という論考に記している。ソール・スタインバーグによる "View of the World from 9th Avenue"（Cover for The New Yorker, 29 March 1976）の画面全体に広がる事物たちについて、ゲールスはフランシス・ピカビアやエド・ルシェの単語を用いた平面作品との類似点に触れながら、"スタインバーグはその描画技法により、この世界を描写することへの強い野心を超現実的な透視絵に込め、さまざまな表現方式を一枚の絵画のなかで結合させることを達成している"と評している。

自作や参照源たちの担う意味や時代性を薄め、より自律的な要素として、物理的で建築学の基本的な部分にフォーカスして取り扱うことで、長谷川のいう"建物のあらゆる系統の中に自分の仕事を位置付けること"ができると、この2組の建築家とスタインバーグは証明している。そうして解釈が開かれた彼らのマテリアル（単語）たちは、我々以降の世代がつくる建築にも参加し、次なる創作の糧であり続けることができるのだと僕は信じている。

（くろかわ・しょう／建築家）

『ビサイズ、ヒストリー 現代建築にとっての歴史
長谷川豪、ケルステン・ゲールス、ダヴィッド・ファン・セーヴェレン』
ジョヴァンナ・ボラーシ 企画編集
長谷川豪、ケルステン・ゲールス、ダヴィッド・ファン・セーヴェレン、
バス・プリンセン、ステファノ・グラツィアーニ 著　坂本知子 訳
菊判変形 208頁　鹿島出版会　本体3,500円+税

書評2

モーゼス vs ジェイコブズの構図を乗り越えたNY、渦中の東京

藤村龍至

　1930年代のニューヨークで市民に知られ、尊敬を集めた官僚がいた。富裕層に独占されていた郊外の緑地を一般市民に開放するべく大量の州立公園を整備し、大都会ニューヨークとそれらの公園をつなぐ高速道路パークウェイを整備し、一般市民に娯楽を提供したロバート・モーゼス（1888〜1981）である。

　そのキャリアのひとつのピークはマンハッタンとブロンクス、ブルックリンをつなぐトライボロー・ブリッジの建設（1936）である。ル・コルビュジエが賞賛したとされる美しいデザインで知られるその橋は、世界恐慌のあとの厳しい財政状況のなかで実施されたニューディール政策の目玉でもあり、市、州、国の思惑が絡む難しいプロジェクトであった。

　ここでモーゼスはブリッジの足元のランドールズ島とワーズ島のあいだを埋め立て、そこに娯楽施設を建設して通行料収入も稼ぐという、場所や事業のポテンシャルを最大限に引き出した軽やかな発想で課題解決と資金調達、維持管理など、近代インフラに必要な仕組みをつくり上げた。

　近代的な組織や制度を駆使し、政治家やマスコミを味方につけ、行政にしかできないプロジェクトを次々と成し遂げる新しいエリート像。本書はそうしたモーゼスの業績を再評価するものである。

　なぜ「再」評価かといえば、モーゼスのそうした輝かしい業績が今日では忘れ去られているからである。モーゼスといえば権力を振りかざして人々の自由を奪った官僚主義の権化であり、そして独自の理論に基づいて権力に立ち向かい高速道路の計画を中止させた反骨のスター、ジェイン・ジェイコブズの敵として知られている。ジェイコブズの方は本年も映画『ジェイン・ジェイコブズ—ニューヨーク都市計画革命—』が日本で公開されるなど、相変わらずの人気である。

　モーゼスも少なくとも1929年の時点では民衆のヒーローであったが、30年のあいだに評価が逆転したのは、ロバート・A・カロの『パワー・ブローカー』ほか、いくつかのキャンペーンが功を奏せいもあるだろう。『ジェイコブズ対モーゼス』（アンソニー・フリント著、鹿島出版会、2011）の訳者でもある著者の渡邉泰彦氏は、ジェイコブズをヒロインとして崇め、モーゼスを糾弾しがちな現状のアンバランスな評価に対して疑問を呈する。

　モーゼスだけが悪く、ジェイコブズだけが正しかったのかは今となっては分からない。モーゼスもジェイコブズも、ある時代、ある側面ではポジティブに評価され、文脈が変わるとネガティブに評価される。作品の評価は作家の死後ある程度経たないと安定しないように、都市計画家の評価もまた死後ある程度経たないと安定しないのであろう。初期の公園や橋はよかったが、市街地での強権的な振舞いはNG、生活から都市を描いたのはよかったが、のちに市民のエゴを増長させたのはNG、というように。要はあとの世代がどう学ぶかである。

　NYは50〜60年代のジェイコブズの活躍を経たあと、反対運動の激化や移民受け入れ、治安悪化に疲弊し、30年代に集中的に整備されたインフラが80年代に一斉に老朽化したことで財政も悪化したため長らくの停滞期が続いた。

　2002年に市長となったマイケル・ブルームバーグは長いトンネルを抜けたNYの上昇気流を捕まえ、都市計画局長にアマンダ・バーデン、交通局長にジャネット・サディク・カーンなど、ともに女性の局長を抜擢し、用途地域の見直しや交通社会実験の繰り返しによる12年にわたる地道な取組みを行い、タイムズスクエアの広場化やブルックリンの再開発などを通じてパブリックスペースを中心にまち全体を活性化させたと高い評価を得た。公と民が連携し、女性局長が活躍する2000年代のNYは、ジェイコブズvsモーゼスを市民主義と官僚主義、女性性と男性性などとして捉える図式を過去のものにしたといえるかもしれない。

　このNYの復活劇から東京はどう学ぶか。東京の開発期はジェイコブズが1958年にワシントン・スクエアパークの勝利を収める頃に始まり、1959年から67年までのオリンピック・都市基盤整備ではモーゼスも成し遂げなかった都心の連絡高速道路である首都高速道を掘割を利用してつくり上げた（そこには山田正男という、東京におけるモーゼスのような役割を果たした人物も思い浮かべることもできる）。

　その後67年から79年までの革新都政による一時休止を経て、79年から95年までの多都心化（都庁新宿移転・臨海副都心）はさながらNYにおける50年代であり、行政主導の都市開発の最後の瞬間であった。都市博中止の青島や築地市場の豊洲移転延期の小池は現代のジェイコブズ（ただし、特段の観察も方法論も提示しない）なのかもしれない。

　2010年代の東京は集中投資の行われた1960年代のインフラを更新しなければならないという意味で、NYでいう1980年代にあたる。首都高速道路羽田線のように大規模改修を行っているプロジェクトもあれば、外郭環状道路の都内区間のように60年代に計画され、反対運動によって休止していた計画が復活しているものもある。

　ロンドンもニューヨークも、2000年代半ばにオリンピック招致を通じて開発ヴィジョンの整理に成功した。東京はどうか。オリンピック招致には成功したものの、政治スキャンダルの連続で都市ヴィジョンを整理する機会は逃してしまった。そのせいだけでもないが、東京はまだモーゼスvsジェイコブズの枠組みの渦中かもしれない。2000年代のブルームバーグのニューヨークのように、モーゼスvsジェイコブズの対立を乗り越え、成熟したアーバンデザインの議論ができるようになるのは2030年代であろうか。

（ふじむら・りゅうじ／建築家、東京藝術大学准教授）

『評伝ロバート・モーゼス』渡邉泰彦 著
四六判302頁　鹿島出版会　本体2,600円+税

鹿島出版会の出版案内
ジェイン・ジェイコブズの名著・関連書・最新刊

SD選書257
都市の原理
ジェイン・ジェイコブズ 著／
中江利忠、加賀谷洋一 訳
四六判・324頁／定価（本体2,400円+税）

都市の成長や衰退はどのように起こるのか。都市と農業の関係、産業の分化と多様性の仕組みとは。都市の基本原理を経済学的側面から分析する。新装版。

都市の本質とゆくえ
J.ジェイコブズと考える
宮﨑洋司、玉川英則 著
四六判・200頁／定価（本体2,400円+税）

都市思想家ジェイン・ジェイコブズの都市計画論、都市経済論、倫理論、システム論、文明論などの広範な分野にわたるその足跡をたどり、都市の本質とゆくえを考える。ジェイコブズへのインタビューも収録。

常識の天才 ジェイン・ジェイコブズ
「死と生」まちづくり物語
G.ラング、M.ウンシュ 著／玉川英則、玉川良重 訳
A5判・160頁／定価（本体2,600円+税）

若い世代へ向けて、ジェイコブズが自らの観察力、決断力、そして独立心の富む精神をもって、新たなまちづくりを成し遂げたことと、その人生について紹介。生き生きとした生活の教訓と、行動力の大切さを訴える。

ジェイコブズ対モーゼス
ニューヨーク都市計画をめぐる闘い
アンソニー・フリント 著／渡邉泰彦 訳
四六判・320頁／定価（本体3,000円+税）

現在のニューヨークの骨格となるインフラを整備したロバート・モーゼス。彼とジェイン・ジェイコブズのワシントンスクエアパークや周辺環境の保全をめぐる壮絶な闘いを描く。

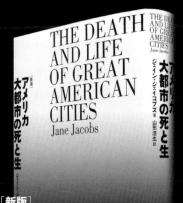

［新版］
アメリカ大都市の死と生
ジェイン・ジェイコブズ 著／山形浩生 訳
四六判・504頁／定価（本体3,300円+税）

都市論のバイブル、待望の全訳なる。近代都市計画への強烈な批判、都市の多様性の魅力、都市とは複雑に結びついている有機体である――。1961年、世界を変えた一冊の全貌。

［最新刊］
ジェイン・ジェイコブズ 都市論集
都市の計画・経済論とその思想
ジェイン・ジェイコブズ 著／サミュエル・ジップ、ネイサン・ストリング 編／宮﨑洋司 訳
菊判・472頁／定価（本体3,800円+税）

これまでの本には未収録のものも含め、小論・講演・対談を網羅。ジェイコブズが都市の計画・経済・倫理を説く、待望の一冊！都市にかかわる実務家、研究者を始め「都市」に関心のある人必読の書、遂に刊行!!

鹿島出版会
〒104-0028
東京都中央区八重洲2-5-14
tel.03-6202-5201
fax.03-6202-5204
http://www.kajima-publishing.co.jp
E-mail：info@kajima-publishing.co.jp

鹿島出版会の出版案内

まちづくりの新刊

ポートランド地図帖
地域の「らしさ」の描きかた

デービッド・バニス ハンター・ショービー 著
埴淵知哉 花岡和聖 松本文子 高松礼奈 訳
B5変形・オールカラー196頁／定価（本体2,800円＋税）

地図で都市文化を描くあらたな試み。
ポートランド州立大学の二人の地理学者が、地図を通じて
「ポートランドらしさ」を表現することで、場所に対する理解を深め、
地理的想像力をかき立てる、新しい地図学を提言する。
100を超えるインフォグラフィックマップを掲載。

コミュニティによる地区経営
コンパクトシティを超えて

大野秀敏、饗庭伸、秋田典子、松宮綾子、藤井俊二、和田夏子 編著
四六判・220頁／定価（本体2,500円＋税）

縮小する日本の行く末を導くシナリオ。
第一線の論者たちが、
コミュニティマネジメントによる地域力再生を提言。

エコロジカル・デモクラシー
まちづくりと生態的多様性をつなぐデザイン

ランドルフ・T・ヘスター 著／土肥真人 訳
菊判・516頁／定価（本体5,500円＋税）

エコロジーとデモクラシー、どちらも単独では問題を解決できないが、
両者が組み合わされたとき、都市の新たな希望が生まれる。
世界をつなぐ15の原則に導かれた、都市デザインへの圧巻の大著。

鹿島出版会

〒104-0028
東京都中央区八重洲2-5-14

tel.03-6202-5201
fax.03-6202-5204

http://www.kajima-publishing.co.jp
E-mail：info@kajima-publishing.co.jp

鹿島出版会の出版案内

SDレビューを読む

すべて SDレビュー事務局 編

SD2017
A4変形・120頁　定価(本体2,000円+税)
SDレビュー2017の入選作14点を審査講評とともに紹介。吉村靖孝、門脇耕三、青木弘司の3氏が企画・編集した特集「Adhocism in Architecture」では、動的な意思決定の連続としての設計に基づく現代的な建築の美学を提起。12の事例を編著者らが撮影した豊富な写真で伝える。

SD2016
A4変型・124頁　定価(本体2,000円+税)
SDレビュー2016の入選作15点を審査講評とともに紹介。特集「建築のためのプロトコル・スタディーズ」は近代建築の均質性を突破する現代技術活用例を紹介。著者に大野友資、西澤徹夫、浜田晶則、隈太一、竹中司、岡部文、豊田啓介を迎えた、21世紀の建築の展望。

SD2015
A4変型・120頁　定価(本体2,000円+税)
SDレビュー2015の入選作15点を審査講評とともに紹介。特集「建築家のプロジェクトデザイン」では、自ら提案し、人を巻き込んで建築をつくる術を、重村力、平田晃久、乾久美子、古澤大輔に猪熊純らがインタビュー。現代社会に求められる建築家像を探究する。

SD2014
A4変型・128頁　定価(本体2,000円+税)
SDレビュー2014入選作品15点を審査員の講評とともに誌上発表。特集「時空への旅の教え──ル・コルビュジエ〈東方への旅〉を巡って」では、富永譲がコルビュジエ24歳の「東方への旅」を辿り、その後のコルビュジエの設計への影響を明らかにする。

SD2013
A4変型・136頁　定価(本体1,905円+税)
SDレビュー2013の受賞作を誌上発表。入選作16点と審査講評も収録する。特別企画「SD丸々1日討論」は塚本由晴と青井哲人がホストを務めた12時間におよぶ非公開座談会。入選者が自作から歴史への接続を試みる議論の記録。

SD2012
A4変型・136頁　定価(本体1,905円+税)
SDレビュー2012の入選作15点を審査講評とともに紹介。門脇耕三企画・構成の特集「構築へ向かうエレメント」は、伊東豊雄、隈研吾、妹島和世、青木淳、西沢大良、塚本由晴ら10名の建築家が語る部位論。中山英之、藤原徹平、長谷川豪ら俊英による総括座談会も収録。

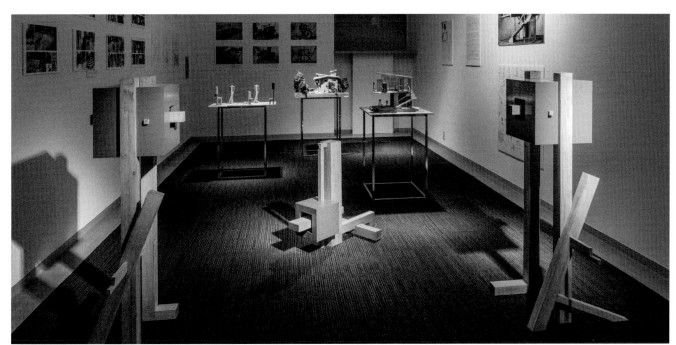
SDレビュー2017鹿島賞　Project in Santiniketan／インド・シャンティニケタンに同志を募って家を作りに行く　佐藤研吾　Photo © Koji Horiuchi

鹿島出版会　〒104-0028　東京都中央区八重洲2-5-14　tel.03-6202-5201　fax.03-6202-5204　http://www.kajima-publishing.co.jp　E-mail：info@kajima-publishing.co.jp

Quaras

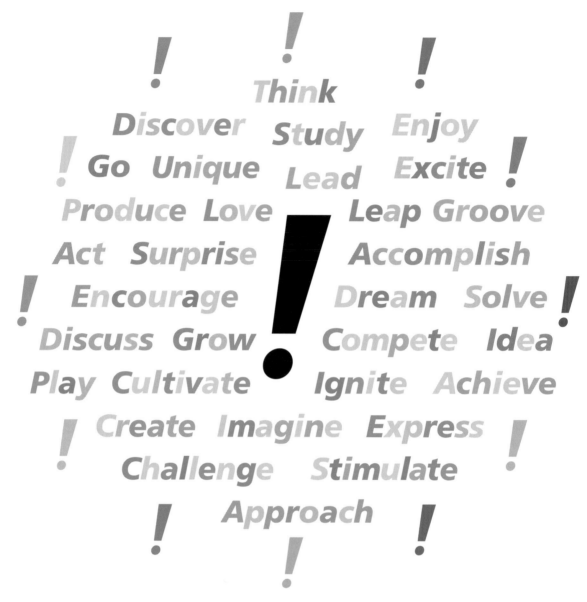

驚きを、もっと。発見を、もっと。
アイデアを、もっと。チャレンジを、もっと。遊び心を、もっと。

"!" MORE.

さまざまな"!"でソリューションする、
これからのクオラスにご期待ください。

株式会社クオラス
http://www.quaras.co.jp

[本社] 〒141-6007 東京都品川区大崎2-1-1 ThinkPark Tower 7階　TEL：03-5487-5001（大代表）
[関西支社] 〒530-0004 大阪府大阪市北区堂島浜1-4-4 アクア堂島東館17階　TEL：06-6345-3460
[仙台オフィス] 〒980-0021 宮城県仙台市青葉区中央2-8-13 大和証券仙台ビル6階　TEL：022-217-1682

Good Innovation.

「その手があったか」と言われるアイデアがある。「そこまでやるか」と言われる技術がある。「そんなことまで」と言われる企業家精神がある。私たちは3つの力でイノベーションをつくる。人へ、社会へ、新たな変化をもたらすイノベーションをつくってゆく。

dentsu

株式会社ジェイアール東日本企画

キカクをみがく。jeki

デジサイ増加中。

私たちの交通系デジタルサイネージは
設置数、ネットワーク規模日本一。
駅や車内の「気になる」を増やしています。

Bunkamura
Shibuya-TOKYO

美しい時代へ──東急グループ

世界中の文化を渋谷で。

2019年9月3日にBunkamuraは30周年を迎えます。1989年に東京・渋谷の地で様々なジャンルの文化・芸術を複合的に発信する企画・制作集団として船出して以来、たくさんの感動や濃密なドラマがありました。今回、30周年を記念して制作したロゴマークに込めたのは「文化・芸術を再構築する」という意志。Bunkamuraは、これからも世界中の才能や個性、魅力あふれる作品を発掘し、組み合わせ、新たな感動をここ渋谷から発信していきます。渋谷の街のエネルギーと世界の文化が溶けあうことを夢みて。

Bunkamuraを支えるオフィシャルサプライヤー

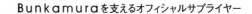

Bunkamuraは開館以来、オフィシャルサプライヤーのみなさまに
継続的にご支援いただくことで、文化・芸術をより多くの人々にお届けしています。

www.bunkamura.co.jp

いいものを、心を込めてつくります

空調・衛生・電気・建築工事
リニューアル工事
マンション大規模修繕工事
プラント生産設備の設計・施工
建物調査・診断・耐震工事

建物の価値
機能性向上を
トータルサポート

 株式会社 クリマテック

〒162-0067　東京都新宿区富久町10-5　NMF新宿ＥＡＳＴビル
電話 03-5312-2211　FAX03-5312-2271

北海道支店 / 東北支店 / 関西支店 / 九州支店 / 関東営業所 /
豊島営業所 / 函館営業所 / 沖縄営業所

www.clima-teq.com

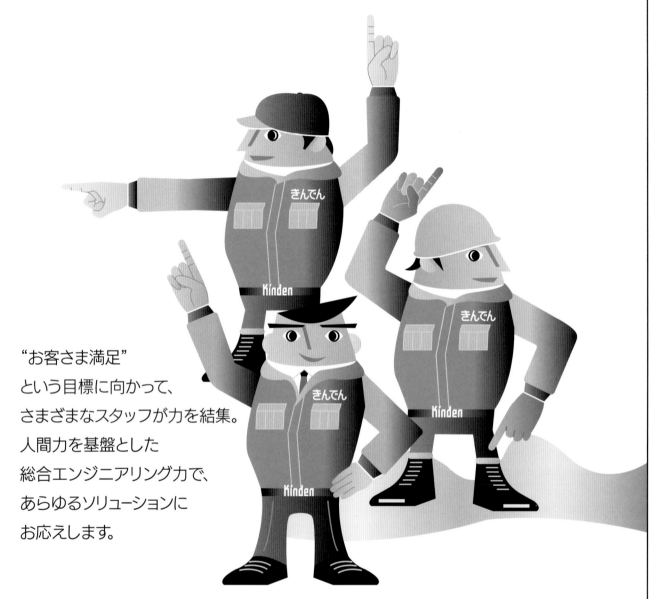

自然の力をほんの少し分けてもらうことで…

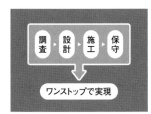

自然の力をほんの少し分けてもらうことで、
環境への負担を大きく減らすことができます。
私たち関電工は、太陽光、風力など、
クリーンエネルギーの活用を信頼の技術で実現します。
クリーンエネルギーの導入は、関電工におまかせください。

関電工

Photo:PHOTOTECA

Landscape Design

http://www.ldc.co.jp
株式会社 ランドスケープデザイン

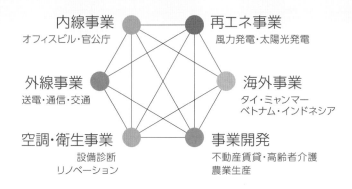

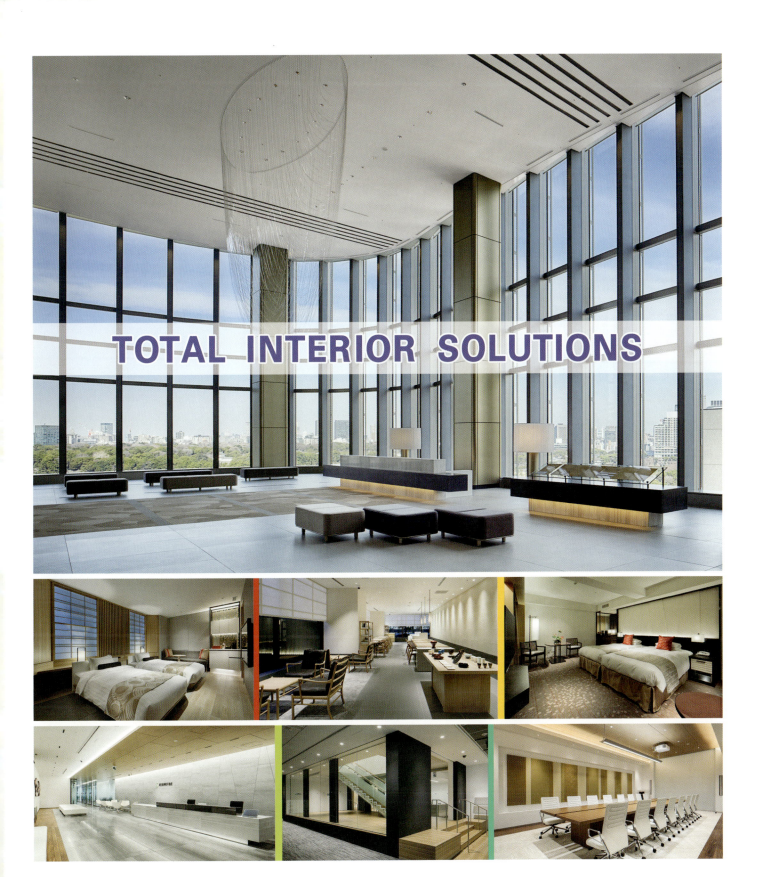

www.ilya.co.jp

1930年 温湿度調整に欠かせないシロッコ型送風機用翼車

歴史にないものは自分でつくる。
高砂の100年クオリティ。

1923年創業から空調設備で培ってきた技術力。
その誇りを、パイオニア精神を、次の100年へ。

歴史を築く。未来を拓く。高砂熱学の空調設備

LANDSCAPING Works

「やすらぎ」と「安心」を
KATABAMI

INSURANCE

かたばみ興業株式会社　緑化造園本部・保険本部　　http://www.katabami.co.jp

本　社　〒107-8638　東京都港区元赤坂1-5-8　虎屋第2ビル　TEL:03-5413-8100(代)　FAX:03-5413-8109
営業所　尺別(山林管理)／札幌／東北／横浜／名古屋／大阪／広島／九州